TRANZLATY

El idioma es para todos

Jazyk je pre každého

El llamado de lo salvaje

Volanie divočiny

Jack London

Español / Slovenčina

Copyright © 2025 Tranzlaty
All rights reserved
Published by Tranzlaty
ISBN: 978-1-80572-879-5
Original text by Jack London
The Call of the Wild
First published in 1903
www.tranzlaty.com

Hacia lo primitivo
Do primitívu

Buck no leía los periódicos.
Buck nečítal noviny.
Si hubiera leído los periódicos habría sabido que se avecinaban problemas.
Keby si bol prečítal noviny, vedel by, že sa schyľuje k problémom.
Hubo problemas, no sólo para él sino para todos los perros de la marea.
Problémy to nemal len on sám, ale každý pes loviaci prílivom a odlivom.
Todo perro con músculos fuertes y pelo largo y cálido iba a estar en problemas.
Každý pes so silnými svalmi a teplou, dlhou srsťou bude mať problém.
Desde Puget Bay hasta San Diego ningún perro podía escapar de lo que se avecinaba.
Od Puget Bay po San Diego sa žiadny pes nemohol vyhnúť tomu, čo malo prísť.
Los hombres, a tientas en la oscuridad del Ártico, encontraron un metal amarillo.
Muži, tápajúci v arktickej tme, našli žltý kov.
Las compañías navieras y de transporte iban en busca del descubrimiento.
Parníky a dopravné spoločnosti sa za objavom usilovali.
Miles de hombres se precipitaron hacia el norte.
Tisíce mužov sa rútili do Severnej zeme.
Estos hombres querían perros, y los perros que querían eran perros pesados.
Títo muži chceli psy a psy, ktoré chceli, boli ťažké psy.
Perros con músculos fuertes para trabajar.
Psy so silnými svalmi, s ktorými sa dajú namáhať.
Perros con abrigos peludos para protegerlos de las heladas.
Psy s chlpatou srsťou, ktorá ich chráni pred mrazom.

Buck vivía en una casa grande en el soleado valle de Santa Clara.

Buck býval vo veľkom dome v slnkom zaliatom údolí Santa Clara.

El lugar del juez Miller, se llamaba su casa.

Volal sa sudca Millerov dom.

Su casa estaba apartada de la carretera, medio oculta entre los árboles.

Jeho dom stál v ústraní od cesty, napoly skrytý medzi stromami.

Se podían ver destellos de la amplia terraza que rodeaba la casa.

Bolo možné zazrieť širokú verandu, ktorá sa tiahne okolo domu.

Se accedía a la casa mediante caminos de grava.

K domu sa blížilo po štrkových príjazdových cestách.

Los caminos serpenteaban a través de amplios prados.

Chodníky sa kľukatili cez rozľahlé trávniky.

Allá arriba se veían las ramas entrelazadas de altos álamos.

Nad hlavou sa prepletali konáre vysokých topoľov.

En la parte trasera de la casa las cosas eran aún más espaciosas.

V zadnej časti domu to bolo ešte priestrannejšie.

Había grandes establos, donde una docena de mozos de cuadra charlaban.

Boli tam veľké stajne, kde sa rozprávalo tucet podkoníchov

Había hileras de casas de servicio cubiertas de enredaderas.

Boli tam rady viničom obložených služobníckych domčekov

Y había una interminable y ordenada serie de letrinas.

A bola tam nekonečná a usporiadaná škála prístavieb

Largos parrales, verdes pastos, huertos y campos de bayas.

Dlhé viničové arbory, zelené pastviny, sady a bobuľové záhrady.

Luego estaba la planta de bombeo del pozo artesiano.

Potom tu bola čerpacia stanica pre artézsku studňu.

Y allí estaba el gran tanque de cemento lleno de agua.

A tam bola veľká cementová nádrž naplnená vodou.

Aquí los muchachos del juez Miller dieron su chapuzón matutino.

Tu sa chlapci sudcu Millera ranne ponorili do vody.

Y allí también se refrescaron en la calurosa tarde.

A ochladili sa tam aj v horúcom popoludní.

Y sobre este gran dominio, Buck era quien lo gobernaba todo.

A nad touto veľkou doménou vládol Buck.

Buck nació en esta tierra y vivió aquí todos sus cuatro años.

Buck sa narodil na tejto zemi a žil tu všetky svoje štyri roky.

Efectivamente había otros perros, pero realmente no importaban.

Síce tam boli aj iné psy, ale tie v skutočnosti neboli dôležité.

En un lugar tan vasto como éste se esperaban otros perros.

Na takom rozľahlom mieste sa očakávali aj iné psy.

Estos perros iban y venían, o vivían dentro de las concurridas perreras.

Tieto psy prichádzali a odchádzali, alebo žili v rušných kotercoch.

Algunos perros vivían escondidos en la casa, como Toots e Ysabel.

Niektoré psy žili schované v dome, ako napríklad Toots a Ysabel.

Toots era un pug japonés, Ysabel una perra mexicana sin pelo.

Toots bol japonský mops, Ysabel mexická bezsrstá pes.

Estas extrañas criaturas rara vez salían de la casa.

Tieto zvláštne stvorenia len zriedka vyšli z domu.

No tocaron el suelo ni olieron el aire libre del exterior.

Nedotkli sa zeme, ani neoňuchali čerstvý vzduch vonku.

También estaban los fox terriers, al menos veinte en número.

Boli tam aj foxteriéry, najmenej dvadsať.

Estos terriers le ladraron ferozmente a Toots y a Ysabel dentro de la casa.

Tieto teriéry zúrivo štekali na Tootsa a Ysabel vo vnútri.

Toots e Ysabel se quedaron detrás de las ventanas, a salvo de todo daño.

Toots a Ysabel zostali za oknami, v bezpečí pred nebezpečenstvom.

Estaban custodiados por criadas con escobas y trapeadores.

Strážili ich slúžky s metlami a mopmi.

Pero Buck no era un perro de casa ni tampoco de perrera.

Ale Buck nebol domáci pes a nebol ani pes do búdy.

Toda la propiedad pertenecía a Buck como su legítimo reino.

Celý majetok patril Buckovi ako jeho právoplatné kráľovstvo.

Buck nadaba en el tanque o salía a cazar con los hijos del juez.

Buck plával v nádrži alebo chodil na poľovačku so sudcovými synmi.

Caminaba con Mollie y Alice temprano o tarde.

Prechádzal sa s Mollie a Alice v skorých alebo skorých ranných hodinách.

En las noches frías yacía junto al fuego de la biblioteca con el juez.

Za chladných nocí ležal so sudcom pred krbom v knižnici.

Buck llevaba a los nietos del juez en su fuerte espalda.

Buck vozil sudcových vnukov na svojom silnom chrbte.

Se revolcó en el césped con los niños, vigilándolos de cerca.

Váľal sa s chlapcami v tráve a pozorne ich strážil.

Se aventuraron hasta la fuente e incluso pasaron por los campos de bayas.

Odvážili sa k fontáne a dokonca aj okolo jahodových polí.

Entre los fox terriers, Buck caminaba siempre con orgullo real.

Medzi foxteriérmi sa Buck vždy prechádzal s kráľovskou hrdosťou.

Él ignoró a Toots y Ysabel, tratándolos como si fueran aire.

Ignoroval Tootsa a Ysabel a správal sa k nim, akoby boli vzduch.

Buck reinaba sobre todas las criaturas vivientes en la tierra del juez Miller.

Buck vládol nad všetkými živými tvormi na pozemku sudcu Millera.

Él gobernaba a los animales, a los insectos, a los pájaros e incluso a los humanos.

Vládol nad zvieratami, hmyzom, vtákmi a dokonca aj ľuďmi.

El padre de Buck, Elmo, había sido un San Bernardo enorme y leal.

Buckov otec Elmo bol obrovský a verný svätý Bernard.

Elmo nunca se apartó del lado del juez y le sirvió fielmente.

Elmo nikdy neopustil sudcov bok a verne mu slúžil.

Buck parecía dispuesto a seguir el noble ejemplo de su padre.

Buck sa zdal byť pripravený nasledovať ušľachtilý príklad svojho otca.

Buck no era tan grande: pesaba ciento cuarenta libras.

Buck nebol až taký veľký, vážil sto štyridsať libier.

Su madre, Shep, había sido una excelente perra pastor escocesa.

Jeho matka, Shep, bola vynikajúci škótsky ovčiak.

Pero incluso con ese peso, Buck caminaba con presencia majestuosa.

Ale aj pri tej váhe Buck kráčal s kráľovskou eleganciou.

Esto fue gracias a la buena comida y al respeto que siempre recibió.

Pramenilo to z dobrého jedla a úcty, ktorej sa mu vždy dostávalo.

Durante cuatro años, Buck había vivido como un noble mimado.

Štyri roky žil Buck ako rozmaznaný šľachtic.

Estaba orgulloso de sí mismo y hasta era un poco egoísta.

Bol na seba hrdý a dokonca trochu egoistický.

Ese tipo de orgullo era común entre los señores de países remotos.

Takýto druh hrdosti bol bežný u odľahlých vidieckych pánov.

Pero Buck se salvó de convertirse en un perro doméstico mimado.

Ale Buck sa zachránil pred tým, aby sa nestal rozmaznaným domácim psom.

Se mantuvo delgado y fuerte gracias a la caza y el ejercicio.

Vďaka lovu a cvičeniu zostal štíhly a silný.

Amaba profundamente el agua, como la gente que se baña en lagos fríos.

Hlboko miloval vodu, ako ľudia, ktorí sa kúpu v studených jazerách.

Este amor por el agua mantuvo a Buck fuerte y muy saludable.

Táto láska k vode udržiavala Bucka silného a veľmi zdravého.

Éste era el perro en que se había convertido Buck en el otoño de 1897.

Toto bol pes, ktorým sa Buck stal na jeseň roku 1897.

Cuando la huelga de Klondike arrastró a los hombres hacia el gélido Norte.

Keď útok na Klondike stiahol mužov na zamrznutý sever.

La gente acudió en masa desde todos los rincones del mundo hacia aquella tierra fría.

Ľudia z celého sveta sa hrnuli do chladnej krajiny.

Buck, sin embargo, no leía los periódicos ni entendía las noticias.

Buck však nečítal noviny ani nerozumel správam.

Él no sabía que Manuel era un mal hombre con quien estar.

Nevedel, že Manuel je zlý človek.

Manuel, que ayudaba en el jardín, tenía un problema profundo.

Manuel, ktorý pomáhal v záhrade, mal vážny problém.

Manuel era adicto al juego de la lotería china.

Manuel bol závislý na hazardných hrách v čínskej lotérii.

También creía firmemente en un sistema fijo para ganar.

Tiež silne veril v pevný systém víťazstva.

Esa creencia hizo que su fracaso fuera seguro e inevitable.

Táto viera robila jeho zlyhanie istým a nevyhnutným.

Jugar con un sistema exige dinero, del que Manuel carecía.

Hranie systémom si vyžaduje peniaze, ktoré Manuelovi chýbali.

Su salario apenas alcanzaba para mantener a su esposa y a sus numerosos hijos.

Jeho plat ledva uživil jeho manželku a mnoho detí.

La noche en que Manuel traicionó a Buck, las cosas estaban normales.

V noc, keď Manuel zradil Bucka, bolo všetko normálne.

El juez estaba en una reunión de la Asociación de Productores de Pasas.

Sudca bol na stretnutí Združenia pestovateľov hrozienok.

Los hijos del juez estaban entonces ocupados formando un club atlético.

Sudcovi synovia boli vtedy zaneprázdnení zakladaním atletického klubu.

Nadie vio a Manuel y Buck salir por el huerto.

Nikto nevidel Manuela a Bucka odchádzať cez sad.

Buck pensó que esta caminata era simplemente un simple paseo nocturno.

Buck si myslel, že táto prechádzka bola len obyčajná nočná prechádzka.

Se encontraron con un solo hombre en la estación de la bandera, en College Park.

Na vlajkovej stanici v College Parku stretli iba jedného muža.

Ese hombre habló con Manuel y intercambiaron dinero.

Ten muž sa rozprával s Manuelom a vymenili si peniaze.

"Envuelva la mercancía antes de entregarla", sugirió.

„Zabaľte tovar predtým, ako ho doručíte," navrhol.

La voz del hombre era áspera e impaciente mientras hablaba.

Mužov hlas bol drsný a netrpezlivý, keď hovoril.

Manuel ató cuidadosamente una cuerda gruesa alrededor del cuello de Buck.

Manuel opatrne uviazal Buckovi okolo krku hrubé lano.

"Si retuerces la cuerda, lo estrangularás bastante"

„Otoč lano a poriadne ho uškrtíš."

El extraño emitió un gruñido, demostrando que entendía bien.

Cudzinec zamrmlal, čím ukázal, že dobre rozumie.

Buck aceptó la cuerda con calma y tranquila dignidad ese día.

Buck v ten deň prijal lano s pokojom a tichou dôstojnosťou.

Fue un acto inusual, pero Buck confiaba en los hombres que conocía.

Bol to nezvyčajný čin, ale Buck dôveroval mužom, ktorých poznal.

Él creía que su sabiduría iba mucho más allá de su propio pensamiento.

Veril, že ich múdrosť ďaleko presahuje jeho vlastné myslenie.

Pero entonces la cuerda fue entregada a manos del extraño.

Ale potom bolo lano podané do rúk cudzinca.

Buck emitió un gruñido bajo que advertía con una amenaza silenciosa.

Buck potichu zavrčal, varujúc ho tichou hrozbou.

Era orgulloso y autoritario y quería mostrar su descontento.

Bol hrdý a panovačný a chcel dať najavo svoju nespokojnosť.

Buck creyó que su advertencia sería entendida como una orden.

Buck veril, že jeho varovanie bude chápané ako rozkaz.

Para su sorpresa, la cuerda se tensó rápidamente alrededor de su grueso cuello.

Na jeho prekvapenie sa lano rýchlo utiahlo okolo jeho hrubého krku.

Se quedó sin aire y comenzó a luchar con una furia repentina.

Zastavil sa mu dýchanie a v náhlom zúrivosti sa začal brániť.

Saltó hacia el hombre, quien rápidamente se encontró con Buck en el aire.

Skočil na muža, ktorý sa rýchlo stretol s Buckom vo vzduchu.

El hombre agarró la garganta de Buck y lo retorció hábilmente en el aire.

Muž chytil Bucka za hrdlo a šikovne ním skrútil vo vzduchu.

Buck fue arrojado al suelo con fuerza, cayendo de espaldas.

Bucka prudko zhodili na zem a dopadol na chrbát.

La cuerda ahora lo estrangulaba cruelmente mientras él pateaba salvajemente.

Lano ho teraz kruto škrtilo, zatiaľ čo divoko kopal.

Se le cayó la lengua, su pecho se agitó, pero no recuperó el aliento.

Jazyk mu vypadol, hruď sa mu dvíhala, ale nenadýchol sa.

Nunca había sido tratado con tanta violencia en su vida.

V živote sa s ním nikdy nezaobchádzalo s takouto násilnosťou.

Tampoco nunca antes se había sentido tan lleno de furia.

Tiež ho nikdy predtým nenaplnil taký hlboký hnev.

Pero el poder de Buck se desvaneció y sus ojos se volvieron vidriosos.

Ale Buckova sila vyprchala a jeho oči sa zasklili.

Se desmayó justo cuando un tren se detuvo cerca.

Omdlel práve vo chvíli, keď neďaleko zastavil vlak.

Luego los dos hombres lo arrojaron rápidamente al vagón de equipaje.

Potom ho tí dvaja muži rýchlo hodili do batožinového vagóna.

Lo siguiente que sintió Buck fue dolor en su lengua hinchada.

Ďalšia vec, ktorú Buck pocítil, bola bolesť v opuchnutom jazyku.

Se desplazaba en un carro tambaleante, apenas consciente.

Pohyboval sa v trasúcom sa vozíku a bol len matne pri vedomí.

El agudo grito del silbato del tren le indicó a Buck su ubicación.

Ostré zapískanie vlakovej píšťalky prezradilo Buckovi, kde sa nachádza.

Había viajado muchas veces con el Juez y conocía esa sensación.

Často jazdil so Sudcom a poznal ten pocit.

Fue una experiencia única viajar nuevamente en un vagón de equipajes.

Bol to opäť ten jedinečný pocit cestovania v batožinovom vagóne.

Buck abrió los ojos y su mirada ardía de rabia.

Buck otvoril oči a jeho pohľad horel zúrivosťou.

Esta fue la ira de un rey orgulloso destronado.

To bol hnev pyšného kráľa, ktorý bol zosadený z trónu.

Un hombre intentó agarrarlo, pero Buck lo atacó primero.

Muž sa natiahol, aby ho chytil, ale Buck ho namiesto toho udrel prvý.

Hundió los dientes en la mano del hombre y la sujetó con fuerza.

Zaryl zuby do mužovej ruky a pevne ju držal.

No lo soltó hasta que se desmayó por segunda vez.

Nepustil ho, kým druhýkrát nestratil vedomie.

—Sí, tiene ataques —murmuró el hombre al maletero.

„Áno, má záchvaty," zamrmlal muž batožinárovi.

El maletero había oído la lucha y se acercó.

Doručovateľ batožiny počul zápas a priblížil sa.

"Lo llevaré a Frisco para el jefe", explicó el hombre.

„Beriem ho do Frisca kvôli šéfovi," vysvetlil muž.

"Allí hay un buen veterinario que dice poder curarlos".

„Je tam jeden dobrý psí lekár, ktorý hovorí, že ich vie vyliečiť."

Más tarde esa noche, el hombre dio su propio relato completo.

Neskôr v tú noc muž podal svoju vlastnú úplnú správu.

Habló desde un cobertizo detrás de un salón en los muelles.

Hovoril z kôlne za salónom na dokoch.

"Lo único que me dieron fueron cincuenta dólares", se quejó al tabernero.

„Dostal som len päťdesiat dolárov," sťažoval sa predavačovi v salóne.

"No lo volvería a hacer ni por mil dólares en efectivo".

„Neurobil by som to znova, ani za tisícku v hotovosti."

Su mano derecha estaba fuertemente envuelta en un paño ensangrentado.

Jeho pravá ruka bola pevne omotaná krvavou handričkou.

La pernera de su pantalón estaba abierta de par en par desde la rodilla hasta el pie.

Jeho nohavice boli roztrhnuté od kolena až po päty.

—¿Cuánto le pagaron al otro tipo? —preguntó el tabernero.

„Koľko dostal ten druhý hrnček?" spýtal sa predavač v salóne.

"Cien", respondió el hombre, "no aceptaría ni un centavo menos".

„Sto," odpovedal muž, „nevezme si ani cent menej."

—Eso suma ciento cincuenta —dijo el tabernero.

„To je spolu stopäťdesiat," povedal majiteľ salónu.

"Y él lo vale todo, o no soy más que un idiota".

„A on za to všetko stojí, inak nie som o nič lepší ako hlupák."

El hombre abrió los envoltorios para examinar su mano.

Muž otvoril obaly, aby si prezrel ruku.

La mano estaba gravemente desgarrada y cubierta de sangre seca.

Ruka bola silne roztrhaná a pokrytá zaschnutou krvou.

"Si no consigo la hidrofobia..." empezó a decir.

„Ak nedostanem hydrofóbiu..." začal hovoriť.

"Será porque naciste para la horca", dijo entre risas.

„To bude preto, že si sa narodil na to, aby si visel," ozval sa smiech.

"Ven a ayudarme antes de irte", le pidieron.

„Poď mi pomôcť, než pôjdeš," požiadali ho.

Buck estaba aturdido por el dolor en la lengua y la garganta.

Buck bol ako omámený od bolesti v jazyku a hrdle.

Estaba medio estrangulado y apenas podía mantenerse en pie.

Bol napoly uškrtený a ledva sa udržal na nohách.

Aún así, Buck intentó enfrentar a los hombres que lo habían lastimado.

Buck sa však snažil čeliť mužom, ktorí mu tak ublížili.

Pero lo derribaron y lo estrangularon una vez más.

Ale zhodili ho na zem a znova ho uškrtili.

Sólo entonces pudieron quitarle el pesado collar de bronce.

Až potom mu mohli odpíliť ťažký mosadzný golier.

Le quitaron la cuerda y lo metieron en una caja.

Odstránili lano a natlačili ho do debny.

La caja era pequeña y tenía la forma de una tosca jaula de hierro.

Debna bola malá a mala tvar hrubej železnej klietky.

Buck permaneció allí toda la noche, lleno de ira y orgullo herido.

Buck tam ležal celú noc, plný hnevu a zranenej hrdosti.

No podía ni siquiera empezar a comprender lo que le estaba pasando.
Nedokázal začať chápať, čo sa s ním deje.
¿Por qué estos hombres extraños lo mantenían en esa pequeña caja?
Prečo ho títo zvláštni muži držali v tejto malej debne?
¿Qué querían de él y por qué este cruel cautiverio?
Čo s ním chceli a prečo toto kruté zajatie?
Sintió una presión oscura; una sensación de desastre que se acercaba.
Cítil temný tlak; pocit blížiacej sa katastrofy.
Era un miedo vago, pero que se apoderó pesadamente de su espíritu.
Bol to neurčitý strach, ale ťažko ho zasiahol.
Saltó varias veces cuando la puerta del cobertizo vibró.
Niekoľkokrát vyskočil, keď zatraskli dvere kôlne.
Esperaba que el juez o los muchachos aparecieran y lo rescataran.
Očakával, že sa objaví sudca alebo chlapci a zachránia ho.
Pero cada vez sólo se asomaba el rostro gordo del tabernero.
Ale zakaždým nakukla dnu iba tučná tvár majiteľa salónu.
El rostro del hombre estaba iluminado por el tenue resplandor de una vela de sebo.
Mužovu tvár osvetľovalo slabé svetlo lojovej sviečky.
Cada vez, el alegre ladrido de Buck cambiaba a un gruñido bajo y enojado.
Buckovo radostné štekanie sa zakaždým zmenilo na tiché, nahnevané vrčanie.

El tabernero lo dejó solo durante la noche en el cajón.
Prevádzkovateľ salónu ho nechal na noc samého v klietke.
Pero cuando se despertó por la mañana, venían más hombres.
Ale keď sa ráno zobudil, prichádzali ďalší muži.
Llegaron cuatro hombres y recogieron la caja con cuidado y sin decir palabra.
Prišli štyria muži a bez slova opatrne zdvihli debnu.

Buck supo de inmediato en qué situación se encontraba.
Buck si hneď uvedomil, v akej situácii sa nachádza.
Eran otros torturadores contra los que tenía que luchar y a los que tenía que temer.
Boli ďalšími mučiteľmi, s ktorými musel bojovať a ktorých sa musel báť.
Estos hombres parecían malvados, andrajosos y muy mal arreglados.
Títo muži vyzerali zlomyseľne, otrhane a veľmi zle upravene.
Buck gruñó y se abalanzó sobre ellos ferozmente a través de los barrotes.
Buck zavrčal a zúrivo sa na nich vrhol cez mreže.
Ellos simplemente se rieron y lo golpearon con largos palos de madera.
Len sa smiali a bodali doňho dlhými drevenými palicami.
Buck mordió los palos y luego se dio cuenta de que eso era lo que les gustaba.
Buck zahryzol do palíc a potom si uvedomil, že to majú radi.
Así que se quedó acostado en silencio, hosco y ardiendo de rabia silenciosa.
Tak si ticho ľahol, zachmúrený a horiaci tichým hnevom.
Subieron la caja a un carro y se fueron con él.
Zdvihli debnu do voza a odviezli ho preč.
La caja, con Buck encerrado dentro, cambiaba de manos a menudo.
Debna s Buckom zamknutým vo vnútri často menila majiteľa.
Los empleados de la oficina exprés se hicieron cargo de él y lo atendieron brevemente.
Úradníci expresnej kancelárie sa ujali velenia a krátko sa s ním vysporiadali.
Luego, otro carro transportó a Buck a través de la ruidosa ciudad.
Potom ďalší voz viezol Bucka cez hlučné mesto.
Un camión lo llevó con cajas y paquetes a un ferry.
Kamión ho spolu s krabicami a balíkmi naložil na trajekt.
Después de cruzar, el camión lo descargó en una estación ferroviaria.

Po prejdení cez cestu ho nákladné auto vyložilo na železničnej stanici.

Finalmente, colocaron a Buck dentro de un vagón expreso que lo esperaba.

Nakoniec Bucka umiestnili do čakajúceho rýchlika.

Durante dos días y dos noches, los trenes arrastraron el vagón expreso.

Dva dni a noci vlaky odťahovali rýchlik.

Buck no comió ni bebió durante todo el doloroso viaje.

Buck počas celej bolestivej cesty nejedol ani nepil.

Cuando los mensajeros expresos intentaron acercarse a él, gruñó.

Keď sa k nemu rýchli poslovia pokúsili priblížiť, zavrčal.

Ellos respondieron burlándose de él y molestándolo cruelmente.

Reagovali tým, že sa mu posmievali a kruto si ho doberali.

Buck se arrojó contra los barrotes, echando espuma y temblando.

Buck sa vrhol na mreže, penil a triasol sa

Se rieron a carcajadas y se burlaron de él como matones del patio de la escuela.

hlasno sa smiali a posmievali sa mu ako školskí tyrani.

Ladraban como perros de caza y agitaban los brazos.

Štekali ako falošné psy a mávali rukami.

Incluso cantaron como gallos sólo para molestarlo más.

Dokonca kikiríkali ako kohúty, len aby ho ešte viac rozrušili.

Fue un comportamiento tonto y Buck sabía que era ridículo.

Bolo to hlúpe správanie a Buck vedel, že je to smiešne.

Pero eso sólo profundizó su sentimiento de indignación y vergüenza.

Ale to len prehĺbilo jeho pocit rozhorčenia a hanby.

Durante el viaje no le molestó mucho el hambre.

Počas cesty ho hlad veľmi netrápil.

Pero la sed traía consigo un dolor agudo y un sufrimiento insoportable.

Ale smäd prinášal ostrú bolesť a neznesiteľné utrpenie.

Su garganta y lengua secas e inflamadas ardían de calor.

Suché, zapálené hrdlo a jazyk ho pálili od horúčavy.

Este dolor alimentó la fiebre que crecía dentro de su orgulloso cuerpo.

Táto bolesť živila horúčku stúpajúcu v jeho hrdom tele.

Buck estuvo agradecido por una sola cosa durante esta prueba.

Buck bol počas tohto súdneho procesu vďačný za jednu jedinú vec.

Le habían quitado la cuerda que le rodeaba el grueso cuello.

Lano mu bolo stiahnuté z hrubého krku.

La cuerda había dado a esos hombres una ventaja injusta y cruel.

Lano poskytlo týmto mužom nespravodlivú a krutú výhodu.

Ahora la cuerda había desaparecido y Buck juró que nunca volvería.

Teraz bolo lano preč a Buck prisahal, že sa už nikdy nevráti.

Decidió que nunca más volvería a pasarle una cuerda al cuello.

Rozhodol sa, že mu už nikdy nebude ovinuté žiadne lano okolo krku.

Durante dos largos días y noches sufrió sin comer.

Dva dlhé dni a noci trpel bez jedla.

Y en esas horas se fue acumulando en su interior una rabia enorme.

A v tých hodinách v sebe nahromadil obrovský hnev.

Sus ojos se volvieron inyectados en sangre y salvajes por la ira constante.

Jeho oči boli podliate krvou a divoké od neustáleho hnevu.

Ya no era Buck, sino un demonio con mandíbulas chasqueantes.

Už to nebol Buck, ale démon s cvakajúcimi čeľusťami.

Ni siquiera el juez habría reconocido a esta loca criatura.

Ani sudca by tohto šialeného tvora nespoznal.

Los mensajeros exprés suspiraron aliviados cuando llegaron a Seattle.

Expresní poslovia si s úľavou vzdychli, keď dorazili do Seattlu

Cuatro hombres levantaron la caja y la llevaron a un patio trasero.

Štyria muži zdvihli debnu a odniesli ju na dvor.

El patio era pequeño, rodeado de muros altos y sólidos.

Dvor bol malý, ohradený vysokými a pevnými múrmi.

Un hombre corpulento salió con una camisa roja holgada.

Vyšiel z nej veľký muž v ovisnutej červenej košeli.

Firmó el libro de entrega con letra gruesa y atrevida.

Doručovaciu knihu podpísal hrubým a tučným písmom.

Buck sintió de inmediato que este hombre era su próximo torturador.

Buck okamžite vycítil, že tento muž je jeho ďalším mučiteľom.

Se abalanzó violentamente contra los barrotes, con los ojos rojos de furia.

Prudko sa vrhol na mreže, oči červené od zúrivosti.

El hombre simplemente sonrió oscuramente y fue a buscar un hacha.

Muž sa len temne usmial a išiel si priniesť sekerku.

También traía un garrote en su gruesa y fuerte mano derecha.

Priniesol si aj palicu vo svojej hrubej a silnej pravej ruke.

"¿Vas a sacarlo ahora?" preguntó preocupado el conductor.

„Vyberiete ho teraz?" spýtal sa vodič znepokojene.

—Claro —dijo el hombre, metiendo el hacha en la caja a modo de palanca.

„Jasné," povedal muž a zapichol sekerku do debny ako páku.

Los cuatro hombres se dispersaron instantáneamente y saltaron al muro del patio.

Štyria muži sa okamžite rozpŕchli a vyskočili na múr dvora.

Desde sus lugares seguros arriba, esperaban para observar el espectáculo.

Zo svojich bezpečných miest hore čakali, kým uvidia túto podívanú.

Buck se abalanzó sobre la madera astillada, mordiéndola y sacudiéndola ferozmente.

Buck sa vrhol na rozštiepené drevo, hrýzol a prudko sa triasol.

Cada vez que el hacha golpeaba la jaula, Buck estaba allí para atacarla.

Zakaždým, keď sekerka zasiahla klietku, Buck bol tam, aby na ňu zaútočil.

Gruñó y chasqueó los dientes con furia salvaje, ansioso por ser liberado.

Vrčal a štekal divokou zúrivosťou, dychtivý po oslobodení.

El hombre que estaba afuera estaba tranquilo y firme, concentrado en su tarea.

Muž vonku bol pokojný a vyrovnaný, sústredený na svoju úlohu.

"Muy bien, demonio de ojos rojos", dijo cuando el agujero fue grande.

„Dobre teda, ty červenooký diabol," povedal, keď sa diera zväčšila.

Dejó caer el hacha y tomó el garrote con su mano derecha.

Pustil sekerku a vzal palicu do pravej ruky.

Buck realmente parecía un demonio; con los ojos inyectados en sangre y llameantes.

Buck naozaj vyzeral ako diabol; oči mal podliate krvou a horeli.

Su pelaje se erizó, le salía espuma por la boca y sus ojos brillaban.

Srsť sa mu ježila, z úst sa mu tvorila pena a oči sa mu leskli.

Tensó los músculos y se lanzó directamente hacia el suéter rojo.

Napol svaly a vrhol sa priamo na červený sveter.

Ciento cuarenta libras de furia volaron hacia el hombre tranquilo.

Na pokojného muža vyletelo stoštyridsať libier zúrivosti.

Justo antes de que sus mandíbulas se cerraran, un golpe terrible lo golpeó.

Tesne predtým, ako zovrel čeľuste, ho zasiahla hrozná rana.

Sus dientes chasquearon al chocar contra nada más que el aire.

Jeho zuby cvakali len o vzduch

Una sacudida de dolor resonó a través de su cuerpo

telom mu prešiel záblesk bolesti

Dio una vuelta en el aire y se estrelló sobre su espalda y su costado.

Prevrátil sa vo vzduchu a zrútil sa na chrbát a bok.

Nunca antes había sentido el golpe de un garrote y no podía agarrarlo.

Nikdy predtým necítil úder palicou a nevedel ho uchopiť.

Con un gruñido estridente, mitad ladrido, mitad grito, saltó de nuevo.

S prenikavým zavrčaním, čiastočne štekaním, čiastočne krikom, znova skočil.

Otro golpe brutal lo alcanzó y lo arrojó al suelo.

Zasiahol ho ďalší brutálny úder a zhodil ho na zem.

Esta vez Buck lo entendió: era el pesado garrote del hombre.

Tentoraz Buck pochopil – bola to mužova ťažká palica.

Pero la rabia lo cegó y no pensó en retirarse.

Ale zúrivosť ho oslepila a na ústup nepomyslel.

Doce veces se lanzó y doce veces cayó.

Dvanásťkrát sa vrhol a dvanásťkrát spadol.

El palo de madera lo golpeaba cada vez con una fuerza despiadada y aplastante.

Drevená palica ho zakaždým rozdrvila s nemilosrdnou, drvivou silou.

Después de un golpe feroz, se tambaleó hasta ponerse de pie, aturdido y lento.

Po jednom prudkom údere sa potácal na nohy, omámený a pomalý.

Le salía sangre de la boca, de la nariz y hasta de las orejas.

Z úst, nosa a dokonca aj z uší mu tiekla krv.

Su pelaje, otrora hermoso, estaba manchado de espuma sanguinolenta.

Jeho kedysi krásny kabát bol zašpinený krvavou penou.

Entonces el hombre se adelantó y le dio un golpe tremendo en la nariz.

Potom muž pristúpil a zasadil mu poriadny úder do nosa.

La agonía fue más aguda que cualquier cosa que Buck hubiera sentido jamás.

Bolesť bola prudšia než čokoľvek, čo Buck kedy cítil.

Con un rugido más de bestia que de perro, saltó nuevamente para atacar.

S revom, skôr zvieracím ako psím, znova skočil do útoku.

Pero el hombre se agarró la mandíbula inferior y la torció hacia atrás.

Ale muž ho chytil za spodnú čeľusť a skrútil ju dozadu.

Buck se dio una vuelta de cabeza y volvió a caer con fuerza.

Buck sa prevrátil cez uši a znova tvrdo spadol.

Una última vez, Buck cargó contra él, ahora apenas capaz de mantenerse en pie.

Buck sa naňho naposledy vrhol, sotva dokázal stáť na nohách.

El hombre atacó con una sincronización experta, dando el golpe final.

Muž udrel s expertným načasovaním a zasadil posledný úder.

Buck se desplomó en un montón, inconsciente e inmóvil.

Buck sa zrútil na kôpku, v bezvedomí a nehybne.

"No es ningún inútil a la hora de domar perros, eso es lo que digo", gritó un hombre.

„Nie je to žiadny blázon v lámaní psov, to hovorím ja," zakričal muž.

"Druther puede quebrar la voluntad de un perro cualquier día de la semana".

„Druther dokáže zlomiť vôľu psa hocikedy."

"¡Y dos veces el domingo!" añadió el conductor.

„A dvakrát v nedeľu!" dodal vodič.

Se subió al carro y tiró de las riendas para partir.

Vyliezol do voza a štipol opraty, aby odišiel.

Buck recuperó lentamente el control de su conciencia.

Buck pomaly znovu nadobúdal kontrolu nad svojím vedomím.

Pero su cuerpo todavía estaba demasiado débil y roto para moverse.

ale jeho telo bolo stále príliš slabé a zlomené na to, aby sa pohol.

Se quedó donde había caído, observando al hombre del suéter rojo.

Ležal tam, kde spadol, a sledoval muža v červenom svetri.

"Responde al nombre de Buck", dijo el hombre, leyendo en voz alta.

„Reaguje na meno Buck," povedal muž a čítal nahlas.

Citó la nota enviada con la caja de Buck y los detalles.

Citoval zo správy, ktorá bola poslaná s Buckovou debnou a podrobnosťami.

—Bueno, Buck, muchacho —continuó el hombre con tono amistoso—.

„No, Buck, chlapče môj," pokračoval muž priateľským tónom,

"Hemos tenido nuestra pequeña pelea y ahora todo ha terminado entre nosotros".

„Mali sme našu malú hádku a teraz je medzi nami koniec."

"Tú has aprendido cuál es tu lugar y yo he aprendido cuál es el mío", añadió.

„Naučil si sa, kde je tvoje miesto, a ja som sa naučil svoje," dodal.

"Sé bueno y todo irá bien y la vida será placentera".

„Buď dobrý a všetko pôjde dobre a život bude príjemný."

"Pero si te portas mal, te daré una paliza, ¿entiendes?"

„Ale ak budeš zlý, zmlátim ťa na smrť, rozumieš?"

Mientras hablaba, extendió la mano y acarició la cabeza dolorida de Buck.

Ako hovoril, natiahol ruku a pohladil Bucka po boľavej hlave.

El cabello de Buck se erizó ante el toque del hombre, pero no se resistió.

Buckovi sa pri mužovom dotyku zježili vlasy, ale nekládol odpor.

El hombre le trajo agua, que Buck bebió a grandes tragos.

Muž mu priniesol vodu, ktorú Buck pil veľkými dúškami.

Luego vino la carne cruda, que Buck devoró trozo a trozo.

Potom prišlo surové mäso, ktoré Buck hltal kus za kusom.

Sabía que estaba derrotado, pero también sabía que no estaba roto.

Vedel, že je porazený, ale vedel aj to, že nie je zlomený.

No tenía ninguna posibilidad contra un hombre armado con un garrote.

Nemal šancu proti mužovi ozbrojenému kyjakom.

Había aprendido la verdad y nunca olvidó esa lección.

Poznal pravdu a na túto lekciu nikdy nezabudol.

Esa arma fue el comienzo de la ley en el nuevo mundo de Buck.

Táto zbraň bola začiatkom práva v Buckovom novom svete.

Fue el comienzo de un orden duro y primitivo que no podía negar.

Bol to začiatok drsného, primitívneho poriadku, ktorý nemohol poprieť.

Aceptó la verdad; sus instintos salvajes ahora estaban despiertos.

Prijal pravdu; jeho divoké inštinkty sa teraz prebudili.

El mundo se había vuelto más duro, pero Buck lo afrontó con valentía.

Svet sa stal drsnejším, ale Buck mu statočne čelil.

Afrontó la vida con nueva cautela, astucia y fuerza silenciosa.

Život vítal s novou opatrnosťou, prefíkanosťou a tichou silou.

Llegaron más perros, atados con cuerdas o cajas como había estado Buck.

Prišli ďalšie psy, priviazané v lanách alebo v klietkach ako predtým Buck.

Algunos perros llegaron con calma, otros se enfurecieron y pelearon como bestias salvajes.

Niektoré psy prišli pokojne, iné zúrili a bojovali ako divé zvery.

Todos ellos quedaron bajo el dominio del hombre del suéter rojo.

Všetci boli podriadení mužovi v červenom svetri.

Cada vez, Buck observaba y veía cómo se desarrollaba la misma lección.

Buck zakaždým sledoval a videl, ako sa odvíja tá istá lekcia.

El hombre con el garrote era la ley, un amo al que había que obedecer.

Muž s palicou bol zákon; pán, ktorého treba poslúchať.

No necesitaba ser querido, pero sí obedecido.

Nemusel byť obľúbený, ale musel byť poslúchnutý.

Buck nunca adulaba ni meneaba la cola como lo hacían los perros más débiles.

Buck sa nikdy nepodliezal ani nevŕtal ako slabšie psy.

Vio perros que estaban golpeados y todavía lamían la mano del hombre.

Videl zbité psy a napriek tomu olizovali mužovi ruku.

Vio un perro que no obedecía ni se sometía en absoluto.

Videl jedného psa, ktorý vôbec neposlúchal ani sa nepodriadil.

Ese perro luchó hasta que murió en la batalla por el control.

Ten pes bojoval, až kým nebol zabitý v boji o kontrolu.

A veces, desconocidos venían a ver al hombre del suéter rojo.

Muža v červenom svetri niekedy prichádzali pozrieť cudzinci.

Hablaban en tonos extraños, suplicando, negociando y riendo.

Hovorili zvláštnym tónom, prosili, zjednávali a smiali sa.

Cuando se intercambiaba dinero, se iban con uno o más perros.

Keď sa vymieňali peniaze, odišli s jedným alebo viacerými psami.

Buck se preguntó a dónde habían ido esos perros, pues ninguno regresaba jamás.

Buck sa čudoval, kam sa tieto psy podeli, pretože sa už nikto nevrátil.

El miedo a lo desconocido llenaba a Buck cada vez que un hombre extraño se acercaba.

Strach z neznámeho napĺňal Bucka vždy, keď prišiel cudzí muž

Se alegraba cada vez que se llevaban a otro perro en lugar de a él mismo.

Bol rád zakaždým, keď si vzali ďalšieho psa, a nie jeho samého.

Pero finalmente, llegó el turno de Buck con la llegada de un hombre extraño.

Ale nakoniec prišiel rad na Bucka s príchodom zvláštneho muža.

Era pequeño, fibroso y hablaba un inglés deficiente y decía palabrotas.

Bol malý, šľachovitý a hovoril lámanou angličtinou a nadával.

—¡Sacredam! —gritó cuando vio el cuerpo de Buck.

„Sacredam!" zakričal, keď zbadal Buckovu postavu.

—¡Qué perro tan bravucón! ¿Eh? ¿Cuánto? —preguntó en voz alta.

„To je ale prekliaty tyran! Čože? Koľko?" spýtal sa nahlas.

"Trescientos, y es un regalo a ese precio".

„Tristo a za tú cenu je to darček,"

—Como es dinero del gobierno, no deberías quejarte, Perrault.

„Keďže sú to vládne peniaze, nemal by si sa sťažovať, Perrault."

Perrault sonrió ante el trato que acababa de hacer con aquel hombre.

Perrault sa uškrnul nad dohodou, ktorú s tým mužom práve uzavrel.

El precio de los perros se disparó debido a la repentina demanda.

Cena psov prudko vzrástla kvôli náhlemu dopytu.

Trescientos dólares no era injusto para una bestia tan bella.

Tristo dolárov nebolo nefér za také skvelé zviera.

El gobierno canadiense no perdería nada con el acuerdo

Kanadská vláda by na dohode nič nestratila

Además sus despachos oficiales tampoco sufrirían demoras en el tránsito.

Ani ich oficiálne zásielky by sa počas prepravy nezdržiavali.

Perrault conocía bien a los perros y podía ver que Buck era algo raro.

Perrault sa so psami dobre vyznal a videl, že Buck je niečo výnimočné.

"Uno entre diez diez mil", pensó mientras estudiaba la complexión de Buck.

„Jeden z desiatich desaťtisíc," pomyslel si, zatiaľ čo skúmal Buckovu postavu.

Buck vio que el dinero cambiaba de manos, pero no mostró sorpresa.

Buck videl, ako peniaze menia majiteľa, ale nedal najavo žiadne prekvapenie.

Pronto él y Curly, un gentil Terranova, fueron llevados lejos.

Čoskoro ho a Kučeraváho, mierneho novofundlandského psa, odviedli preč.

Siguieron al hombrecito desde el patio del suéter rojo.

Nasledovali malého muža z dvora červeného svetra.

Esa fue la última vez que Buck vio al hombre con el garrote de madera.

To bolo posledné, čo Buck videl muža s drevenou palicou.

Desde la cubierta del Narwhal vio cómo Seattle se desvanecía en la distancia.

Z paluby Narwhala sledoval, ako sa Seattle stráca v diaľke.

También fue la última vez que vio las cálidas tierras del Sur.

Bolo to tiež poslednýkrát, čo videl teplú Južnú krajinu.

Perrault los llevó bajo cubierta y los dejó con François.

Perrault ich vzal pod palubu a nechal ich s Françoisom.

François era un gigante de cara negra y manos ásperas y callosas.

François bol obor s čiernou tvárou a drsnými, mozoľnatými rukami.

Era oscuro y moreno, un mestizo francocanadiense.

Bol tmavovlasý a snedý; kríženec Francúzko-Kanaďana.

Para Buck, estos hombres eran de un tipo que nunca había visto antes.

Buck považoval týchto mužov za niečo, akých ešte nikdy predtým nevidel.

En los días venideros conocería a muchos hombres así.

V nasledujúcich dňoch mal spoznať mnohých takýchto mužov.

No llegó a encariñarse con ellos, pero llegó a respetarlos.

Neobľúbil si ich, ale začal si ich vážiť.

Eran justos y sabios, y no se dejaban engañar fácilmente por ningún perro.

Boli spravodliví a múdri a žiadny pes ich nedal ľahko oklamať.

Juzgaban a los perros con calma y castigaban sólo cuando lo merecían.

Psy posudzovali pokojne a trestali ich iba vtedy, keď si ich zaslúžili.

En la cubierta inferior del Narwhal, Buck y Curly se encontraron con dos perros.

V podpalubí lode Narwhal stretli Buck a Kučeravá dvoch psov.

Uno de ellos era un gran perro blanco procedente de la lejana y gélida región de Spitzbergen.

Jeden bol veľký biely pes zo vzdialených, ľadových Špicbergov.

Una vez navegó con un ballenero y se unió a un grupo de investigación.

Kedysi sa plavil s veľrybárskou loďou a pridal sa k prieskumnej skupine.

Era amigable de una manera astuta, deshonesta y tramposa.

Bol priateľský, ale prefíkaným, zákerným a prefíkaným spôsobom.

En su primera comida, robó un trozo de carne de la sartén de Buck.

Pri ich prvom jedle ukradol Buckovi z panvice kus mäsa.

Buck saltó para castigarlo, pero el látigo de François golpeó primero.

Buck skočil, aby ho potrestal, ale Françoisov bič udrel prvý.

El ladrón blanco gritó y Buck recuperó el hueso robado.

Biely zlodej zajačal a Buck si vzal späť ukradnutú kosť.

Esa imparcialidad impresionó a Buck y François se ganó su respeto.

Táto spravodlivosť na Bucka zapôsobila a François si zaslúžil jeho rešpekt.

El otro perro no saludó y no quiso recibir saludos a cambio.

Druhý pes nepozdravil a ani nechcel pozdrav na oplátku.

No robaba comida ni olfateaba con interés a los recién llegados.

Nekradol jedlo, ani so záujmom neoňuchával novoprichádzajúcich.

Este perro era sombrío y silencioso, melancólico y de movimientos lentos.

Tento pes bol pochmúrny a tichý, pochmúrny a pomaly sa pohybujúci.

Le advirtió a Curly que se mantuviera alejada simplemente mirándola fijamente.

Varoval Kučeravá, aby sa držala ďalej, jednoduchým zamračeným pohľadom.

Su mensaje fue claro: déjenme en paz o habrá problemas.

Jeho odkaz bol jasný: nechajte ma na pokoji, alebo budú problémy.

Se llamaba Dave y apenas se fijaba en su entorno.

Volal sa Dave a sotva si všímal svoje okolie.

Dormía a menudo, comía tranquilamente y bostezaba de vez en cuando.

Často spal, potichu jedol a občas zíval.

El barco zumbaba constantemente con la hélice golpeando debajo.

Loď neustále hučala s bijúcou vrtuľou pod ňou.

Los días pasaron con pocos cambios, pero el clima se volvió más frío.

Dni plynuli s malou zmenou, ale počasie sa ochladilo.

Buck podía sentirlo en sus huesos y notó que los demás también lo sentían.

Buck to cítil až v kostiach a všimol si, že aj ostatní.

Entonces, una mañana, la hélice se detuvo y todo quedó en silencio.

Potom jedného rána sa vrtuľa zastavila a všetko stíchlo.

Una energía recorrió la nave; algo había cambiado.

Loďou prešla energia; niečo sa zmenilo.

François bajó, les puso las correas y los trajo arriba.

François zišiel dole, pripútal ich na vodítka a vyviedol ich hore.

Buck salió y encontró el suelo suave, blanco y frío.

Buck vyšiel von a zistil, že zem je mäkká, biela a studená.

Saltó hacia atrás alarmado y resopló totalmente confundido.

Zľaknuto odskočil a zmätene si odfrkol.

Una extraña sustancia blanca caía del cielo gris.

Z sivej oblohy padala zvláštna biela hmota.

Se sacudió, pero los copos blancos seguían cayendo sobre él.

Striasol sa, ale biele vločky naňho stále dopadali.

Olió con cuidado la sustancia blanca y lamió algunos trocitos helados.

Opatrne ovoňal bielu hmotu a olízal si pár ľadových kúskov.

El polvo ardió como fuego y luego desapareció de su lengua.

Prášok pálil ako oheň a potom mu z jazyka zmizol.

Buck lo intentó de nuevo, desconcertado por la extraña frialdad que desaparecía.

Buck to skúsil znova, zmätený zvláštnym miznúcim chladom.

Los hombres que lo rodeaban se rieron y Buck se sintió avergonzado.

Muži okolo neho sa zasmiali a Buck sa cítil trápne.

No sabía por qué, pero le avergonzaba su reacción.

Nevedel prečo, ale hanbil sa za svoju reakciu.

Fue su primera experiencia con la nieve y le confundió.

Bola to jeho prvá skúsenosť so snehom a zmiatlo ho to.

La ley del garrote y el colmillo
Zákon klubu a tesáka

El primer día de Buck en la playa de Dyea se sintió como una terrible pesadilla.
Buckov prvý deň na pláži Dyea sa zdal ako hrozná nočná mora.
Cada hora traía nuevas sorpresas y cambios inesperados para Buck.
Každá hodina prinášala Buckovi nové šoky a neočakávané zmeny.
Lo habían sacado de la civilización y lo habían arrojado a un caos salvaje.
Bol vytrhnutý z civilizácie a vrhnutý do divokého chaosu.
Aquella no era una vida soleada y tranquila, llena de aburrimiento y descanso.
Toto nebol žiadny slnečný, lenivý život plný nudy a odpočinku.
No había paz, ni descanso, ni momento sin peligro.
Nebol žiadny pokoj, žiadny odpočinok a žiadna chvíľa bez nebezpečenstva.
La confusión lo dominaba todo y el peligro siempre estaba cerca.
Všade vládol zmätok a nebezpečenstvo bolo vždy nablízku.
Buck tuvo que mantenerse alerta porque estos hombres y perros eran diferentes.
Buck musel zostať v strehu, pretože títo muži a psy boli iní.
No eran de pueblos; eran salvajes y sin piedad.
Neboli z miest; boli divokí a bez milosti.
Estos hombres y perros sólo conocían la ley del garrote y el colmillo.
Títo muži a psy poznali len zákon kyja a tesáka.
Buck nunca había visto perros pelear como estos salvajes huskies.
Buck nikdy nevidel psy biť sa tak, ako títo divocí huskyovia.
Su primera experiencia le enseñó una lección que nunca olvidaría.

Jeho prvá skúsenosť ho naučila lekciu, na ktorú nikdy nezabudne.

Tuvo suerte de que no fuera él, o habría muerto también.

Mal šťastie, že to nebol on, inak by tiež zomrel.

Curly fue el que sufrió mientras Buck observaba y aprendía.

Kučeravá bol ten, kto trpel, zatiaľ čo Buck sa pozeral a učil.

Habían acampado cerca de una tienda construida con troncos.

Utáborili sa neďaleko skladu postaveného z kmeňov guľatiny.

Curly intentó ser amigable con un husky grande, parecido a un lobo.

Kučeravá sa snažil byť priateľský k veľkému huskymu podobnému vlkovi.

El husky era más pequeño que Curly, pero parecía salvaje y malvado.

Husky bol menší ako Kučeravá, ale vyzeral divoko a zlomyseľne.

Sin previo aviso, saltó y le abrió el rostro.

Bez varovania skočil a rozrezal jej tvár.

Sus dientes la atravesaron desde el ojo hasta la mandíbula en un solo movimiento.

Jeho zuby jej jedným ťahom prerezali od oka až po čeľusť.

Así era como peleaban los lobos: golpeaban rápido y saltaban.

Takto bojovali vlci – rýchlo udreli a odskočili.

Pero había mucho más que aprender de ese único ataque.

Ale z toho jedného útoku sa dalo naučiť viac.

Decenas de huskies entraron corriendo y formaron un círculo silencioso.

Desiatky huskyov sa vrútili dnu a vytvorili tichý kruh.

Observaron atentamente y se lamieron los labios con hambre.

Pozorne sledovali a od hladu si oblizovali pery.

Buck no entendió su silencio ni sus miradas ansiosas.

Buck nechápal ich mlčanie ani ich dychtivé oči.

Curly se apresuró a atacar al husky por segunda vez.

Kučeravá sa ponáhľal zaútočiť na huskyho druhýkrát.

Él usó su pecho para derribarla con un movimiento fuerte.

Silným pohybom ju zrazil na zem hrudníkom.

Ella cayó de lado y no pudo levantarse más.

Spadla na bok a nedokázala sa znova postaviť.

Eso era lo que los demás habían estado esperando todo el tiempo.

Na to ostatní čakali celú dobu.

Los perros esquimales saltaron sobre ella, aullando y gruñendo frenéticamente.

Husky na ňu skočili, zúrivo kňučali a vrčali.

Ella gritó cuando la enterraron bajo una pila de perros.

Kričala, keď ju pochovali pod kopou psov.

El ataque fue tan rápido que Buck se quedó paralizado por la sorpresa.

Útok bol taký rýchly, že Buck od šoku stuhol na mieste.

Vio a Spitz sacar la lengua de una manera que parecía una risa.

Videl, ako Spitz vyplazil jazyk spôsobom, ktorý vyzeral ako smiech.

François cogió un hacha y corrió directamente hacia el grupo de perros.

François schmatol sekeru a vbehol priamo do skupiny psov.

Otros tres hombres usaron palos para ayudar a ahuyentar a los perros esquimales.

Traja ďalší muži použili palice, aby odohnali huskyov.

En sólo dos minutos, la pelea terminó y los perros desaparecieron.

O dve minúty sa boj skončil a psy boli preč.

Curly yacía muerta en la nieve roja y pisoteada, con su cuerpo destrozado.

Kučeravá ležala mŕtva v červenom, ušliapanom snehu, telo roztrhané na kusy.

Un hombre de piel oscura estaba de pie sobre ella, maldiciendo la brutal escena.

Nad ňou stál tmavovlasý muž a preklínal tú brutálnu scénu.

El recuerdo permaneció con Buck y atormentó sus sueños por la noche.

Spomienka zostala s Buckom a prenasledovala ho v noci v snoch.

Así era aquí: sin justicia, sin segundas oportunidades.

Tak to tu bolo; žiadna spravodlivosť, žiadna druhá šanca.

Una vez que un perro caía, los demás lo mataban sin piedad.

Keď pes spadol, ostatní ho bez milosti zabili.

Buck decidió entonces que nunca se permitiría caer.

Buck sa vtedy rozhodol, že si nikdy nedovolí padnúť.

Spitz volvió a sacar la lengua y se rió de la sangre.

Spitz znova vyplazil jazyk a zasmial sa na krvi.

Desde ese momento, Buck odió a Spitz con todo su corazón.

Od tej chvíle Buck nenávidel Spitza celým svojím srdcom.

Antes de que Buck pudiera recuperarse de la muerte de Curly, sucedió algo nuevo.

Skôr než sa Buck stihol spamätať z Kučeraváho smrti, stalo sa niečo nové.

François se acercó y ató algo alrededor del cuerpo de Buck.

François prišiel a pripútal Buckovi niečo okolo tela.

Era un arnés como los que usaban los caballos en el rancho.

Bol to postroj, aký používajú na kone na ranči.

Así como Buck había visto trabajar a los caballos, ahora él también estaba obligado a trabajar.

Tak ako Buck videl pracovať kone, teraz musel pracovať aj on.

Tuvo que arrastrar a François en un trineo hasta el bosque cercano.

Musel Françoisa odtiahnuť na saniach do neďalekého lesa.

Después tuvo que arrastrar una carga de leña pesada.

Potom musel odtiahnuť náklad ťažkého palivového dreva.

Buck era orgulloso, por eso le dolía que lo trataran como a un animal de trabajo.

Buck bol hrdý, takže ho bolelo, že sa s ním zaobchádzalo ako s pracovným zvieraťom.

Pero él era sabio y no intentó luchar contra la nueva situación.

Ale bol múdry a nesnažil sa bojovať s novou situáciou.

Aceptó su nueva vida y dio lo mejor de sí en cada tarea.

Prijal svoj nový život a v každej úlohe vydal zo seba maximum.

Todo en la obra le resultaba extraño y desconocido.

Všetko na tej práci mu bolo zvláštne a neznáme.

Francisco era estricto y exigía obediencia sin demora.

François bol prísny a vyžadoval poslušnosť bez meškania.

Su látigo garantizaba que cada orden fuera seguida al instante.

Jeho bič zabezpečil, aby bol každý povel splnený naraz.

Dave era el que conducía el trineo, el perro que estaba más cerca de él, detrás de Buck.

Dave bol kolesár, pes najbližšie k saniam za Buckom.

Dave mordió a Buck en las patas traseras si cometía un error.

Dave pohrýzol Bucka do zadných nôh, ak urobil chybu.

Spitz era el perro líder, hábil y experimentado en su función.

Špic bol vedúcim psom, zručným a skúseným v tejto úlohe.

Spitz no pudo alcanzar a Buck fácilmente, pero aún así lo corrigió.

Spitz sa k Buckovi ľahko nedostal, ale aj tak ho opravil.

Gruñó con dureza o tiró del trineo de maneras que le enseñaron a Buck.

Drsné zavrčanie alebo ťahanie saní spôsobmi, ktoré Bucka učili.

Con este entrenamiento, Buck aprendió más rápido de lo que cualquiera de ellos esperaba.

Vďaka tomuto výcviku sa Buck učil rýchlejšie, než ktokoľvek z nich očakával.

Trabajó duro y aprendió tanto de François como de los otros perros.

Tvrdo pracoval a učil sa od Françoisa aj od ostatných psov.

Cuando regresaron, Buck ya conocía los comandos clave.

Keď sa vrátili, Buck už poznal kľúčové povely.

Aprendió a detenerse al oír la palabra "ho" gracias a François.

Naučil sa zastaviť pri zvuku „ho" od Françoisa.

Aprendió cuando tenía que tirar del trineo y correr.

Naučil sa, kedy musí ťahať sane a bežať.

Aprendió a girar abiertamente en las curvas del camino sin problemas.

Naučil sa bez problémov široko zatáčať v zákrutách na chodníku.

También aprendió a evitar a Dave cuando el trineo descendía rápidamente.

Tiež sa naučil vyhýbať Daveovi, keď sa sane rýchlo schádzali z kopca.

"Son perros muy buenos", le dijo orgulloso François a Perrault.

„Sú to veľmi dobrí psi," povedal François hrdo Perraultovi.

"Ese Buck tira como un demonio. Le enseño rapidísimo".

„Ten Buck ťahá ako čert – učím ho to najrýchlejšie."

Más tarde ese día, Perrault regresó con dos perros husky más.

Neskôr v ten deň sa Perrault vrátil s ďalšími dvoma huskymi.

Se llamaban Billee y Joe y eran hermanos.

Volali sa Billee a Joe a boli bratia.

Venían de la misma madre, pero no se parecían en nada.

Pochádzali z tej istej matky, ale vôbec sa na seba nepodobali.

Billee era de carácter dulce y muy amigable con todos.

Billee bola milá a ku každému až príliš priateľská.

Joe era todo lo contrario: tranquilo, enojado y siempre gruñendo.

Joe bol pravý opak – tichý, nahnevaný a stále vrčajúci.

Buck los saludó de manera amigable y se mostró tranquilo con ambos.

Buck ich priateľsky pozdravil a bol k obom pokojný.

Dave no les prestó atención y permaneció en silencio como siempre.

Dave si ich nevšímal a ako zvyčajne mlčal.

Spitz atacó primero a Billee, luego a Joe, para demostrar su dominio.

Spitz zaútočil najprv na Billeeho a potom na Joea, aby ukázal svoju dominanciu.

Billee movió la cola y trató de ser amigable con Spitz.

Billee vrtel chvostom a snažil sa byť k Spitzovi priateľský.

Cuando eso no funcionó, intentó huir.

Keď to nevyšlo, pokúsil sa radšej utiecť.

Lloró tristemente cuando Spitz lo mordió fuerte en el costado.

Smutne plakal, keď ho Spitz silno uhryzol do boku.

Pero Joe era muy diferente y se negaba a dejarse intimidar.

Ale Joe bol veľmi odlišný a odmietol sa nechať šikanovať.

Cada vez que Spitz se acercaba, Joe giraba rápidamente para enfrentarlo.

Vždy, keď sa Spitz priblížil, Joe sa k nemu rýchlo otočil.

Su pelaje se erizó, sus labios se curvaron y sus dientes chasquearon salvajemente.

Srsť sa mu ježila, pery sa mu skrivili a zuby divoko cvakali.

Los ojos de Joe brillaron de miedo y rabia, desafiando a Spitz a atacar.

Joeove oči sa leskli strachom a zúrivosťou a vyzýval Spitza k úderu.

Spitz abandonó la lucha y se alejó, humillado y enojado.

Spitz vzdal boj a odvrátil sa, ponížený a nahnevaný.

Descargó su frustración en el pobre Billee y lo ahuyentó.

Vybil si svoju frustráciu na úbohom Billeem a odohnal ho.

Esa noche, Perrault añadió un perro más al equipo.

V ten večer Perrault pridal do tímu ešte jedného psa.

Este perro era viejo, delgado y cubierto de cicatrices de batalla.

Tento pes bol starý, chudý a pokrytý bojovými jazvami.

Le faltaba un ojo, pero el otro brillaba con poder.

Jedno jeho oko chýbalo, ale druhé žiarilo silou.

El nombre del nuevo perro era Solleks, que significaba "el enojado".

Nový pes sa volal Solleks, čo znamená Nahnevaný.

Al igual que Dave, Solleks no pidió nada a los demás y no dio nada a cambio.

Rovnako ako Dave, ani Solleks od ostatných nič nežiadal a nič im ani nedával.

Cuando Solleks entró lentamente al campamento, incluso Spitz se mantuvo alejado.

Keď Solleks pomaly vošiel do tábora, dokonca aj Spitz zostál preč.

Tenía un hábito extraño que Buck tuvo la mala suerte de descubrir.

Mal zvláštny zvyk, ktorý Buck, žiaľ, objavil.

A Solleks le disgustaba que se acercaran a él por el lado donde estaba ciego.

Solleks neznášal, keď sa k nemu priblížili zo strany, kde bol slepý.

Buck no sabía esto y cometió ese error por accidente.

Buck to nevedel a tú chybu urobil omylom.

Solleks se dio la vuelta y cortó el hombro de Buck profunda y rápidamente.

Solleks sa otočil a rýchlo a hlboko sekol Bucka do ramena.

A partir de ese momento, Buck nunca se acercó al lado ciego de Solleks.

Od tej chvíle sa Buck nikdy nepriblížil k Solleksovej slepej strane.

Nunca volvieron a tener problemas durante el resto del tiempo que estuvieron juntos.

Po zvyšok času, ktorý spolu strávili, už nikdy nemali problémy.

Solleks sólo quería que lo dejaran solo, como el tranquilo Dave.

Solleks chcel len zostať sám, ako tichý Dave.

Pero Buck se enteraría más tarde de que cada uno tenía otro objetivo secreto.

Buck sa však neskôr dozvedel, že každý z nich mal ešte jeden tajný cieľ.

Esa noche, Buck se enfrentó a un nuevo y preocupante desafío: cómo dormir.

Tú noc čelil Buck novej a znepokojujúcej výzve – ako spať.

La tienda brillaba cálidamente con la luz de las velas en el campo nevado.

Stan sa v zasneženom poli teplým svetlom sviečok rozžiaral.

Buck entró, pensando que podría descansar allí como antes.
Buck vošiel dnu a pomyslel si, že si tam môže oddýchnuť ako predtým.
Pero Perrault y François le gritaron y le lanzaron sartenes.
Ale Perrault a François naňho kričali a hádzali panvice.
Sorprendido y confundido, Buck corrió hacia el frío helado.
Šokovaný a zmätený Buck vybehol von do mrazivého chladu.
Un viento amargo le azotó el hombro herido y le congeló las patas.
Do zraneného ramena ho štípal ostrý vietor a omrzli mu laby.
Se tumbó en la nieve y trató de dormir al aire libre.
Ľahol si do snehu a snažil sa spať vonku pod holým nebom.
Pero el frío pronto le obligó a levantarse de nuevo, temblando mucho.
Ale zima ho čoskoro prinútila vstať, silno sa triasol.
Deambuló por el campamento intentando encontrar un lugar más cálido.
Prechádzal sa po tábore a hľadal teplejšie miesto.
Pero cada rincón estaba tan frío como el anterior.
Ale každý kút bol rovnako studený ako ten predchádzajúci.
A veces, perros salvajes saltaban sobre él desde la oscuridad.
Niekedy naňho z tmy vyskočili divé psy.
Buck erizó su pelaje, mostró los dientes y gruñó en señal de advertencia.
Buck si naježil srsť, vyceril zuby a varovne zavrčal.
Estaba aprendiendo rápido y los otros perros se alejaban rápidamente.
Rýchlo sa učil a ostatné psy rýchlo cúvali.
Aún así, no tenía dónde dormir ni idea de qué hacer.
Stále nemal kde spať a netušil, čo má robiť.
Por fin se le ocurrió una idea: ver cómo estaban sus compañeros de equipo.
Nakoniec ho napadla myšlienka – skontrolovať svojich spoluhráčov.
Regresó a su zona y se sorprendió al descubrir que habían desaparecido.
Vrátil sa do ich oblasti a s prekvapením zistil, že sú preč.

Nuevamente buscó por todo el campamento, pero todavía no pudo encontrarlos.

Znova prehľadal tábor, ale stále ich nemohol nájsť.

Sabía que ellos no podían estar en la tienda, o él también lo estaría.

Vedel, že nemôžu byť v stane, inak by tam bol aj on.

Entonces ¿a dónde se habían ido todos los perros en este campamento helado?

Tak kam sa podeli všetky psy v tomto zamrznutom tábore?

Buck, frío y miserable, caminó lentamente alrededor de la tienda.

Buck, premrznutý a nešťastný, pomaly krúžil okolo stanu.

De repente, sus patas delanteras se hundieron en la nieve blanda y lo sobresaltó.

Zrazu sa mu predné nohy zaborili do mäkkého snehu a vyľakali ho.

Algo se movió bajo sus pies y saltó hacia atrás asustado.

Niečo sa mu mihlo pod nohami a on od strachu cúvol.

Gruñó y rugió sin saber qué había debajo de la nieve.

Vrčal a vrčal, nevediac, čo sa skrýva pod snehom.

Entonces oyó un ladrido amistoso que alivió su miedo.

Potom začul priateľské tiché štekanie, ktoré zmiernilo jeho strach.

Olfateó el aire y se acercó para ver qué estaba oculto.

Natiahol vzduch a priblížil sa, aby videl, čo sa skrýva.

Bajo la nieve, acurrucada en una bola cálida, estaba la pequeña Billee.

Pod snehom, schúlená do teplej klbka, ležala malá Billee.

Billee movió la cola y lamió la cara de Buck para saludarlo.

Billee zavrtel chvostom a olízal Buckovi tvár na pozdrav.

Buck vio cómo Billee había hecho un lugar para dormir en la nieve.

Buck videl, ako si Billee urobila miesto na spanie v snehu.

Había cavado y usado su propio calor para mantenerse caliente.

Vykopal si pôdu a využíval vlastné teplo, aby sa zohrial.

Buck había aprendido otra lección: así era como dormían los perros.

Buck sa naučil ďalšiu lekciu – takto spali psy.

Eligió un lugar y comenzó a cavar su propio hoyo en la nieve.

Vybral si miesto a začal si kopať dieru v snehu.

Al principio, se movía demasiado y desperdiciaba energía.

Spočiatku sa príliš veľa pohyboval a plytval energiou.

Pero pronto su cuerpo calentó el espacio y se sintió seguro.

Ale čoskoro jeho telo zohrialo priestor a on sa cítil bezpečne.

Se acurrucó fuertemente y al poco tiempo estaba profundamente dormido.

Pevne sa schúlil a onedlho tvrdo zaspal.

El día había sido largo y duro, y Buck estaba exhausto.

Deň bol dlhý a ťažký a Buck bol vyčerpaný.

Durmió profundamente y cómodamente, aunque sus sueños fueron salvajes.

Spal hlboko a pohodlne, hoci jeho sny boli divoké.

Gruñó y ladró mientras dormía, retorciéndose mientras soñaba.

V spánku vrčal a štekal a pri snívaní sa krútil.

Buck no se despertó hasta que el campamento ya estaba cobrando vida.

Buck sa zobudil až vtedy, keď sa tábor prebúdzal k životu.

Al principio, no sabía dónde estaba ni qué había sucedido.

Najprv nevedel, kde je alebo čo sa stalo.

Había nevado durante la noche y había enterrado completamente su cuerpo.

V noci napadol sneh a jeho telo úplne pochoval.

La nieve lo apretaba por todos lados.

Sneh ho obklopoval, pevne zo všetkých strán.

De repente, una ola de miedo recorrió todo el cuerpo de Buck.

Zrazu Buckovým telom prebehla vlna strachu.

Era el miedo a quedar atrapado, un miedo que provenía de instintos profundos.

Bol to strach z uväznenia, strach prameniaci z hlbokých inštinktov.

Aunque nunca había visto una trampa, el miedo vivía dentro de él.

Hoci nikdy nevidel pascu, strach v ňom žil.

Era un perro domesticado, pero ahora sus viejos instintos salvajes estaban despertando.

Bol to krotký pes, ale teraz sa v ňom prebúdzali staré divoké inštinkty.

Los músculos de Buck se tensaron y se le erizó el pelaje por toda la espalda.

Buckove svaly sa napli a srsť sa mu zježila po celom chrbte.

Gruñó ferozmente y saltó hacia arriba a través de la nieve.

Zúrivo zavrčal a vyskočil priamo hore cez sneh.

La nieve voló en todas direcciones cuando estalló la luz del día.

Sneh lietal na všetky strany, keď vtrhol do denného svetla.

Incluso antes de aterrizar, Buck vio el campamento extendido ante él.

Ešte pred pristátím Buck uvidel tábor rozprestierajúci sa pred ním.

Recordó todo del día anterior, de repente.

Zrazu si spomenul na všetko z predchádzajúceho dňa.

Recordó pasear con Manuel y terminar en ese lugar.

Spomenul si, ako sa prechádzal s Manuelom a ako skončil na tomto mieste.

Recordó haber cavado el hoyo y haberse quedado dormido en el frío.

Spomenul si, ako vykopal jamu a zaspal v zime.

Ahora estaba despierto y el mundo salvaje que lo rodeaba estaba claro.

Teraz bol hore a divoký svet okolo neho bol jasný.

Un grito de François saludó la repentina aparición de Buck.

Françoisov výkrik privítal Buckov náhly príchod.

—¿Qué te dije? —gritó en voz alta el conductor del perro a Perrault.

„Čo som povedal?" kričal nahlas vodič psa na Perraulta.

"Ese Buck sin duda aprende muy rápido", añadió François.
„Ten Buck sa učí naozaj rýchlo," dodal François.
Perrault asintió gravemente, claramente satisfecho con el resultado.
Perrault vážne prikývol, zjavne spokojný s výsledkom.
Como mensajero del gobierno canadiense, transportaba despachos.
Ako kuriér kanadskej vlády nosil depeše.
Estaba ansioso por encontrar los mejores perros para su importante misión.
Veľmi túžil nájsť tých najlepších psov pre svoju dôležitú misiu.
Se sintió especialmente complacido ahora que Buck era parte del equipo.
Obzvlášť ho tešilo, že Buck bol teraz súčasťou tímu.
Se agregaron tres huskies más al equipo en una hora.
Do hodiny boli do tímu pridané ďalšie tri husky.
Eso elevó el número total de perros en el equipo a nueve.
Tým sa celkový počet psov v tíme zvýšil na deväť.
En quince minutos todos los perros estaban en sus arneses.
Do pätnástich minút boli všetky psy v postrojoch.
El equipo de trineos avanzaba por el sendero hacia Dyea Cañón.
Záprah sa vydával hore chodníkom smerom ku kaňonu Dyea.
Buck se sintió contento de partir, incluso si el trabajo que tenía por delante era duro.
Buck bol rád, že odchádza, aj keď ho čakala ťažká práca.
Descubrió que no despreciaba especialmente el trabajo ni el frío.
Zistil, že práca ani zima mu nijako zvlášť neprekážajú.
Le sorprendió el entusiasmo que llenaba a todo el equipo.
Prekvapila ho dychtivosť, ktorá naplnila celý tím.
Aún más sorprendente fue el cambio que se produjo en Dave y Solleks.
Ešte prekvapujúcejšia bola zmena, ktorá nastala s Daveom a Solleksom.

Estos dos perros eran completamente diferentes cuando estaban enjaezados.

Tieto dva psy boli úplne odlišné, keď boli zapriahnuté.

Su pasividad y falta de preocupación habían desaparecido por completo.

Ich pasivita a nezáujem úplne zmizli.

Estaban alertas y activos, y ansiosos por hacer bien su trabajo.

Boli ostražití, aktívni a dychtiví dobre si vykonávať svoju prácu.

Se irritaban ferozmente ante cualquier cosa que causara retraso o confusión.

Prudko ich podráždilo čokoľvek, čo spôsobovalo meškanie alebo zmätok.

El duro trabajo en las riendas era el centro de todo su ser.

Tvrdá práca na opratách bola stredobodom celej ich bytosti.

Tirar del trineo parecía ser lo único que realmente disfrutaban.

Zdá sa, že ťahanie saní bolo jediné, čo ich skutočne bavilo.

Dave estaba en la parte de atrás del grupo, más cerca del trineo.

Dave bol vzadu v skupine, najbližšie k samotným saniam.

Buck fue colocado delante de Dave, y Solleks se adelantó a Buck.

Buck sa umiestnil pred Davea a Solleks sa predbehol pred Bucka.

El resto de los perros estaban dispersos adelante, en una sola fila.

Zvyšok psov bol natiahnutý vpredu v rade za sebou.

La posición de cabeza en la parte delantera quedó ocupada por Spitz.

Vedúcu pozíciu vpredu obsadil Spitz.

Buck había sido colocado entre Dave y Solleks para recibir instrucción.

Bucka umiestnili medzi Davea a Solleka kvôli inštrukciám.

Él aprendía rápido y sus profesores eran firmes y capaces.

Rýchlo sa učil a oni boli dôslední a schopní učitelia.

Nunca permitieron que Buck permaneciera en el error por mucho tiempo.

Nikdy nedovolili Buckovi dlho zostať v omyle.

Enseñaron sus lecciones con dientes afilados cuando era necesario.

Keď to bolo potrebné, učili svoje hodiny s ostrými zubami.

Dave era justo y mostraba un tipo de sabiduría tranquila y seria.

Dave bol spravodlivý a prejavoval tichý, vážny druh múdrosti.

Él nunca mordió a Buck sin una buena razón para hacerlo.

Nikdy nepohryzol Bucka bez dobrého dôvodu.

Pero nunca dejó de morder cuando Buck necesitaba corrección.

Ale nikdy nezabudol zahryznúť, keď Bucka potreboval napraviť.

El látigo de Francisco estaba siempre listo y respaldaba su autoridad.

Françoisov bič bol vždy pripravený a podporoval ich autoritu.

Buck pronto descubrió que era mejor obedecer que defenderse.

Buck čoskoro zistil, že je lepšie poslúchať, ako sa brániť.

Una vez, durante un breve descanso, Buck se enredó en las riendas.

Raz, počas krátkeho odpočinku, sa Buck zamotal do opratí.

Retrasó el inicio y confundió los movimientos del equipo.

Zdržal štart a zmätil pohyb tímu.

Dave y Solleks se abalanzaron sobre él y le dieron una paliza brutal.

Dave a Solleks sa naňho vrhli a tvrdo ho zmlátili.

El enredo sólo empeoró, pero Buck aprendió bien la lección.

Zamotanie sa len zhoršilo, ale Buck sa dobre poučil.

A partir de entonces, mantuvo las riendas tensas y trabajó con cuidado.

Odvtedy držal opraty napnuté a pracoval opatrne.

Antes de que terminara el día, Buck había dominado gran parte de su tarea.

Pred koncom dňa Buck zvládol väčšinu svojej úlohy.

Sus compañeros casi dejaron de corregirlo y morderlo.

Jeho spoluhráči ho takmer prestali opravovať alebo hrýzť.

El látigo de François resonaba cada vez con menos frecuencia en el aire.

Françoisov bič praskal vzduchom čoraz menej často.

Perrault incluso levantó los pies de Buck y examinó cuidadosamente cada pata.

Perrault dokonca zdvihol Buckove nohy a pozorne preskúmal každú labku.

Había sido un día de carrera duro, largo y agotador para todos ellos.

Bol to pre nich všetkých ťažký deň behu, dlhý a vyčerpávajúci.

Viajaron por el Cañón, atravesando Sheep Camp y pasando por Scales.

Cestovali hore kaňonom, cez Ovčí tábor a okolo Váh.

Cruzaron la línea de árboles, luego glaciares y bancos de nieve de muchos metros de profundidad.

Prekročili hranicu lesa, potom ľadovce a snehové záveje hlboké mnoho metrov.

Escalaron la gran, fría y prohibitiva divisoria de Chilkoot.

Vyliezli na veľký chladný a nehostinný Chilkootský údolí.

Esa alta cresta se encontraba entre el agua salada y el interior helado.

Ten vysoký hrebeň sa týčil·medzi slanou vodou a zamrznutým vnútrozemím.

Las montañas custodiaban con hielo y empinadas subidas el triste y solitario Norte.

Hory strážili smutný a osamelý Sever ľadom a strmými stúpaniami.

Avanzaron a buen ritmo por una larga cadena de lagos debajo de la divisoria.

Zvládli dobrý čas po dlhom reťazci jazier pod rozvodím.

Esos lagos llenaban los antiguos cráteres de volcanes extintos.

Tieto jazerá vyplnili staroveké krátery vyhasnutých sopiek.

Tarde esa noche, llegaron a un gran campamento en el lago Bennett.

Neskoro v noci dorazili do veľkého tábora pri jazere Bennett.

Miles de buscadores de oro estaban allí, construyendo barcos para la primavera.

Boli tam tisíce hľadačov zlata a stavali lode na jar.

El hielo se rompería pronto y tenían que estar preparados.

Ľad sa mal čoskoro roztopiť a museli byť pripravení.

Buck cavó su hoyo en la nieve y cayó en un sueño profundo.

Buck si vykopal dieru v snehu a hlboko zaspal.

Durmió como un trabajador, exhausto por la dura jornada de trabajo.

Spal ako pracujúci muž, vyčerpaný z ťažkého dňa driny.

Pero demasiado pronto, en la oscuridad, fue sacado del sueño.

Ale príliš skoro v tme ho niekto vytrhol zo spánku.

Fue enganchado nuevamente con sus compañeros y sujeto al trineo.

Znovu ho zapriahli spolu s jeho kamarátmi a pripevnili k saniam.

Aquel día hicieron cuarenta millas, porque la nieve estaba muy pisoteada.

V ten deň prešli štyridsať míľ, pretože sneh bol dobre ušliapaný.

Al día siguiente, y durante muchos días más, la nieve estaba blanda.

Na druhý deň a ešte mnoho dní potom bol sneh mäkký.

Tuvieron que hacer el camino ellos mismos, trabajando más duro y moviéndose más lento.

Museli si cestu vydláždiť sami, pracovali usilovnejšie a pohybovali sa pomalšie.

Por lo general, Perrault caminaba delante del equipo con raquetas de nieve palmeadas.

Perrault zvyčajne kráčal pred tímom na snežniciach s blanami.

Sus pasos compactaron la nieve, facilitando el movimiento del trineo.

Jeho kroky udupali sneh, a tak saniam uľahčili pohyb.

François, que dirigía el barco desde la dirección, a veces tomaba el relevo.

François, ktorý kormidloval z výškomeru, niekedy prevzal velenie.

Pero era raro que François tomara la iniciativa.

Ale François sa len zriedka ujal vedenia.

porque Perrault tenía prisa por entregar las cartas y los paquetes.

pretože Perrault sa ponáhľal s doručením listov a balíkov.

Perrault estaba orgulloso de su conocimiento de la nieve, y especialmente del hielo.

Perrault bol hrdý na svoje znalosti o snehu a najmä o ľade.

Ese conocimiento era esencial porque el hielo en otoño era peligrosamente delgado.

Táto znalosť bola nevyhnutná, pretože jesenný ľad bol nebezpečne tenký.

Allí donde el agua fluía rápidamente bajo la superficie, no había hielo en absoluto.

Tam, kde voda pod hladinou rýchlo tiekla, nebol vôbec žiadny ľad.

Día tras día, la misma rutina se repetía sin fin.

Deň čo deň sa tá istá rutina opakovala bez konca.

Buck trabajó incansablemente en las riendas desde el amanecer hasta la noche.

Buck sa od úsvitu do noci nekonečne namáhal s opratami.

Abandonaron el campamento en la oscuridad, mucho antes de que saliera el sol.

Tábor opustili za tmy, dávno pred východom slnka.

Cuando amaneció, ya habían recorrido muchos kilómetros.

Keď sa rozodnilo, mali už za sebou mnoho kilometrov.

Acamparon después del anochecer, comieron pescado y excavaron en la nieve.

Tábor si postavili po zotmení, jedli ryby a zahrabávali sa do snehu.

Buck siempre tenía hambre y nunca estaba realmente satisfecho con su ración.

Buck bol stále hladný a nikdy nebol skutočne spokojný so svojou dávkou jedla.

Recibía una libra y media de salmón seco cada día.

Každý deň dostával pol kila sušeného lososa.

Pero la comida parecía desaparecer dentro de él, dejando atrás el hambre.

Ale jedlo v ňom akoby zmizlo a zanechalo po sebe hlad.

Sufría constantes dolores de hambre y soñaba con más comida.

Trpel neustálym hladom a sníval o väčšom jedle.

Los otros perros sólo ganaron una libra, pero se mantuvieron fuertes.

Ostatné psy dostali len pol kila jedla, ale zostali silné.

Eran más pequeños y habían nacido en la vida del norte.

Boli menší a narodili sa do severského života.

Perdió rápidamente la meticulosidad que había caracterizado su antigua vida.

Rýchlo stratil puntičkárstvo, ktoré poznačilo jeho starý život.

Había sido un comensal delicado, pero ahora eso ya no era posible.

Kedysi bol maškrtníkom, ale teraz to už nebolo možné.

Sus compañeros terminaron primero y le robaron su ración sobrante.

Jeho kamaráti dojedli prví a obrali ho o nedopitý prídel.

Una vez que empezaron, no había forma de defender su comida de ellos.

Keď začali, nebolo možné pred nimi jeho jedlo ochrániť.

Mientras él luchaba contra dos o tres perros, los otros le robaron el resto.

Zatiaľ čo on odháňal dvoch alebo troch psov, ostatní ukradli zvyšok.

Para solucionar esto, comenzó a comer tan rápido como los demás.

Aby to napravil, začal jesť rovnako rýchlo ako ostatní.

El hambre lo empujó tan fuerte que incluso tomó comida que no era suya.

Hlad ho tak silno premáhal, že si vzal aj jedlo, ktoré mu nebolo vlastné.

Observó a los demás y aprendió rápidamente de sus acciones.

Sledoval ostatných a rýchlo sa z ich konania učil.

Vio a Pike, un perro nuevo, robarle una rebanada de tocino a Perrault.

Videl Pikea, nového psa, ako ukradol Perraultovi plátok slaniny.

Pike había esperado hasta que Perrault se dio la espalda para robarle el tocino.

Pike počkal, kým sa Perrault otočí chrbtom, aby mu ukradol slaninu.

Al día siguiente, Buck copió a Pike y robó todo el trozo.

Na druhý deň Buck skopíroval Pikea a ukradol celý kus.

Se produjo un gran alboroto, pero no se sospechó de Buck.

Nasledoval veľký rozruch, ale Bucka nikto nepodozrieval.

Dub, un perro torpe que siempre era atrapado, fue castigado.

Namiesto toho bol potrestaný Dub, nemotorný pes, ktorého vždy chytili.

Ese primer robo marcó a Buck como un perro apto para sobrevivir en el Norte.

Tá prvá krádež označila Bucka za psa schopného prežiť na severe.

Demostró que podía adaptarse a nuevas condiciones y aprender rápidamente.

Ukázal, že sa dokáže rýchlo prispôsobiť novým podmienkam a učiť sa.

Sin esa adaptabilidad, habría muerto rápida y gravemente.

Bez takejto prispôsobivosti by zomrel rýchlo a zle.

También marcó el colapso de su naturaleza moral y de sus valores pasados.

Znamenalo to tiež rozpad jeho morálnej povahy a minulých hodnôt.

En el Sur, había vivido bajo la ley del amor y la bondad.

Na Juhu žil podľa zákona lásky a dobroty.

Allí tenía sentido respetar la propiedad y los sentimientos de los otros perros.

Tam malo zmysel rešpektovať majetok a city iných psov.

Pero en el Norte se aplicaba la ley del garrote y la ley del colmillo.

Ale Severná zem sa riadila zákonom palice a zákonom tesáka.

Quienquiera que respetara los viejos valores aquí sería un tonto y fracasaría.

Ktokoľvek tu rešpektoval staré hodnoty, bol hlúpy a zlyhal by.

Buck no razonó todo esto en su mente.

Buck si to všetko v hlave neuvažoval.

Estaba en forma y se adaptó sin necesidad de pensar.

Bol v kondícii, a tak sa prispôsobil bez toho, aby musel premýšľať.

Durante toda su vida, nunca había huido de una pelea.

Celý svoj život nikdy neutiekol pred bojom.

Pero el garrote de madera del hombre del suéter rojo cambió esa regla.

Ale drevená palica muža v červenom svetri toto pravidlo zmenila.

Ahora seguía un código más profundo y antiguo escrito en su ser.

Teraz nasledoval hlbší, starší kód vpísaný do jeho bytosti.

No robó por placer sino por el dolor del hambre.

Nekradol z potešenia, ale z bolesti z hladu.

Él nunca robaba abiertamente, sino que hurtaba con astucia y cuidado.

Nikdy otvorene nekradol, ale kradol prefíkane a opatrne.

Actuó por respeto al garrote de madera y por miedo al colmillo.

Konal z úcty k drevenej palici a zo strachu pred tesákom.

En resumen, hizo lo que era más fácil y seguro que no hacerlo.

Skrátka, urobil to, čo bolo jednoduchšie a bezpečnejšie, ako to neurobiť.

Su desarrollo —o quizás su regreso a los viejos instintos— fue rápido.

Jeho vývoj – alebo možno jeho návrat k starým inštinktom – bol rýchly.

Sus músculos se endurecieron hasta sentirse tan fuertes como el hierro.

Jeho svaly stvrdli, až sa cítili pevné ako železo.

Ya no le importaba el dolor, a menos que fuera grave.

Už ho netrápila bolesť, pokiaľ nebola vážna.

Se volvió eficiente por dentro y por fuera, sin desperdiciar nada.

Stal sa efektívnym zvnútra aj zvonka, pričom ničím neplytval.

Podía comer cosas viles, podridas o difíciles de digerir.

Mohol jesť veci, ktoré boli odporné, zhnité alebo ťažko stráviteľné.

Todo lo que comía, su estómago aprovechaba hasta el último vestigio de valor.

Čokoľvek zjedol, jeho žalúdok spotreboval každý kúsok jeho hodnoty.

Su sangre transportaba los nutrientes a través de su poderoso cuerpo.

Jeho krv roznášala živiny ďaleko po jeho mocnom tele.

Esto creó tejidos fuertes que le dieron una resistencia increíble.

Vďaka tomu si vybudoval silné tkanivá, ktoré mu dodali neuveriteľnú vytrvalosť.

Su vista y su olfato se volvieron mucho más sensibles que antes.

Jeho zrak a čuch sa stali oveľa citlivejšími ako predtým.

Su audición se agudizó tanto que podía detectar sonidos débiles durante el sueño.

Jeho sluch sa tak zostril, že dokázal v spánku zachytiť slabé zvuky.

Sabía en sueños si los sonidos significaban seguridad o peligro.

Vo svojich snoch vedel, či zvuky znamenajú bezpečie alebo nebezpečenstvo.

Aprendió a morder el hielo entre los dedos de los pies con los dientes.

Naučil sa hrýzť ľad medzi prstami na nohách zubami.

Si un charco de agua se congelaba, rompía el hielo con las piernas.

Ak zamrzla vodná diera, prelomil ľad nohami.

Se encabritó y golpeó con fuerza el hielo con sus rígidas patas delanteras.

Postavil sa na zadné a silno udrel stuhnutými prednými končatinami do ľadu.

Su habilidad más sorprendente era predecir los cambios del viento durante la noche.

Jeho najvýraznejšou schopnosťou bolo predpovedať zmeny vetra počas noci.

Incluso cuando el aire estaba quieto, elegía lugares protegidos del viento.

Aj keď bol vzduch nehybný, vyberal si miesta chránené pred vetrom.

Dondequiera que cavaba su nido, el viento del día siguiente lo pasaba de largo.

Všade, kde si vykopal hniezdo, ho na druhý deň vietor minul.

Siempre acababa abrigado y protegido, a sotavento de la brisa.

Vždy skončil útulne a chránený, v záveterí proti vetru.

Buck no sólo aprendió con la experiencia: sus instintos también regresaron.

Buck sa nielenže učil zo skúseností – vrátili sa mu aj inštinkty.

Los hábitos de las generaciones domesticadas comenzaron a desaparecer.

Zvyky domestikovaných generácií sa začali vytrácať.

De manera vaga, recordaba los tiempos antiguos de su raza.

Matne si spomínal na dávne časy svojho plemena.

Recordó cuando los perros salvajes corrían en manadas por los bosques.

Spomenul si na časy, keď divé psy behali v svorkách lesmi.

Habían perseguido y matado a su presa mientras la perseguían.

Prenasledovali a zabili svoju korisť, zatiaľ čo ju doháňali.

Para Buck fue fácil aprender a pelear con dientes y velocidad.
Pre Bucka bolo ľahké naučiť sa bojovať zubami a rýchlosťou.
Utilizaba cortes, tajos y chasquidos rápidos igual que sus antepasados.
Používal rezy, seky a rýchle cvaknutia rovnako ako jeho predkovia.
Aquellos antepasados se agitaron dentro de él y despertaron su naturaleza salvaje.
Tí predkovia sa v ňom prebudili a prebudili jeho divokú povahu.
Sus antiguas habilidades habían pasado a él a través de la línea de sangre.
Ich staré zručnosti na neho prešli prostredníctvom krvnej línie.
Sus trucos ahora eran suyos, sin necesidad de práctica ni esfuerzo.
Ich triky boli teraz jeho, bez potreby cvičenia alebo úsilia.

En las noches frías y quietas, Buck levantaba la nariz y aullaba.
Za tichých, chladných nocí Buck zdvihol nos a zavýjal.
Aulló largo y profundamente, como lo hacían los lobos antaño.
Zavýjal dlho a hlboko, ako to robili vlci kedysi dávno.
A través de él, sus antepasados muertos apuntaron sus narices y aullaron.
Cez neho jeho mŕtvi predkovia ukazovali nosy a zavýjali.
Aullaron a través de los siglos con su voz y su forma.
Zavýjali stáročiami jeho hlasom a postavou.
Sus cadencias eran las de ellos, viejos gritos que hablaban de dolor y frío.
Jeho kadencie boli ich, staré výkriky, ktoré rozprávali o smútku a chlade.
Cantaron sobre la oscuridad, el hambre y el significado del invierno.
Spievali o tme, o hlade a význame zimy.

Buck demostró cómo la vida está determinada por fuerzas ajenas a uno mismo.

Buck dokázal, ako je život formovaný silami, ktoré presahujú jeho hranice.

La antigua canción se elevó a través de Buck y se apoderó de su alma.

Stará pieseň sa šírila Buckom a zmocnila sa jeho duše.

Se encontró a sí mismo porque los hombres habían encontrado oro en el Norte.

Našiel sa tam, pretože muži našli zlato na severe.

Y se encontró porque Manuel, el ayudante del jardinero, necesitaba dinero.

A ocitol sa v nej, pretože Manuel, záhradníkov pomocník, potreboval peniaze.

La Bestia Primordial Dominante
Dominantná Prvotná Beštia

La bestia primordial dominante era tan fuerte como siempre en Buck.

Dominantná prvotná beštia bola v Buckovi rovnako silná ako kedykoľvek predtým.

Pero la bestia primordial dominante yacía latente en él.

Ale dominantná prvotná beštia v ňom driemala.

La vida en el camino era dura, pero fortalecía a la bestia que Buck llevaba dentro.

Život na cestách bol drsný, ale posilnil v Buckovi zviera.

En secreto, la bestia se hacía cada día más fuerte.

Beštia tajne každým dňom silnela a silnela.

Pero ese crecimiento interior permaneció oculto para el mundo exterior.

Ale tento vnútorný rast zostal skrytý pred vonkajším svetom.

Una fuerza primordial, tranquila y calmada se estaba construyendo dentro de Buck.

V Buckovom vnútri sa budovala tichá a pokojná prvotná sila.

Una nueva astucia le proporcionó a Buck equilibrio, calma, control y aplomo.

Nová prefíkanosť dodala Buckovi rovnováhu, pokojnú kontrolu a vyrovnanosť.

Buck se concentró mucho en adaptarse, sin sentirse nunca totalmente relajado.

Buck sa usilovne sústredil na prispôsobenie sa, nikdy sa necítil úplne uvoľnený.

Él evitaba los conflictos, nunca iniciaba peleas ni buscaba problemas.

Vyhýbal sa konfliktom, nikdy nezačínal hádky ani nehľadal problémy.

Una reflexión lenta y constante moldeó cada movimiento de Buck.

Pomalá, vytrvalá premýšľavosť formovala každý Buckov pohyb.

Evitó las elecciones precipitadas y las decisiones repentinas e imprudentes.

Vyhýbal sa unáhleným rozhodnutiam a náhlym, bezohľadným rozhodnutiam.

Aunque Buck odiaba profundamente a Spitz, no le mostró ninguna agresión.

Hoci Buck Spitza hlboko nenávidel, neprejavoval voči nemu žiadnu agresiu.

Buck nunca provocó a Spitz y mantuvo sus acciones moderadas.

Buck nikdy neprovokoval Spitza a svoje konanie držal zdržanlivý.

Spitz, por otro lado, percibió el creciente peligro en Buck.

Spitz na druhej strane vycítil v Buckovi rastúce nebezpečenstvo.

Él veía a Buck como una amenaza y un serio desafío a su poder.

Bucka vnímal ako hrozbu a vážnu výzvu pre svoju moc.

Aprovechó cada oportunidad para gruñir y mostrar sus afilados dientes.

Využil každú príležitosť zavrčať a ukázať svoje ostré zuby.

Estaba tratando de iniciar la pelea mortal que estaba por venir.

Snažil sa začať smrteľný boj, ktorý musel prísť.

Al principio del viaje casi se desató una pelea entre ellos.

Na začiatku cesty medzi nimi takmer vypukla bitka.

Pero un accidente inesperado detuvo la pelea.

Ale nečakaná nehoda zabránila boju.

Esa tarde acamparon en el gélido lago Le Barge.

V ten večer si postavili tábor na kruto studenom jazere Le Barge.

La nieve caía con fuerza y el viento cortaba como un cuchillo.

Sneh padal silno a vietor rezal ako nôž.

La noche había llegado demasiado rápido y la oscuridad los rodeaba.

Noc prišla príliš rýchlo a obklopila ich tma.

Difícilmente podrían haber elegido un peor lugar para descansar.

Len ťažko si mohli vybrať horšie miesto na oddych.

Los perros buscaban desesperadamente un lugar donde tumbarse.

Psy zúfalo hľadali miesto, kde by si mohli ľahnúť.

Detrás del pequeño grupo se alzaba una alta pared de roca.

Za malou skupinou sa strmo týčila vysoká skalná stena.

La tienda de campaña había sido abandonada en Dyea para aligerar la carga.

Stan nechali v Dyea, aby odľahčili náklad.

No les quedó más remedio que hacer el fuego sobre el propio hielo.

Nemali inú možnosť, ako založiť oheň na ľade.

Extendieron sus batas para dormir directamente sobre el lago helado.

Rozprestreli si spacie rúcha priamo na zamrznutom jazere.

Unos cuantos palitos de madera flotante les dieron un poco de fuego.

Zopár naplavených drevených vetiev im dodalo trochu ohňa.

Pero el fuego se construyó sobre el hielo y se descongeló a través de él.

Ale oheň bol založený na ľade a roztopil sa cezň.

Al final, estaban comiendo su cena en la oscuridad.

Nakoniec večerali v tme.

Buck se acurrucó junto a la roca, protegido del viento frío.

Buck sa schúlil pri skale, chránený pred studeným vetrom.

El lugar era tan cálido y seguro que Buck odiaba mudarse.

Miesto bolo také teplé a bezpečné, že Buck nerád odchádzal.

Pero François había calentado el pescado y estaba repartiendo raciones.

Ale François zohrial rybu a rozdával prídely.

Buck terminó de comer rápidamente y regresó a su cama.

Buck rýchlo dojedol a vrátil sa do postele.

Pero Spitz ahora estaba acostado donde Buck había hecho su cama.

Ale Spitz teraz ležal tam, kde mu Buck pripravil posteľ.

Un gruñido bajo advirtió a Buck que Spitz se negaba a moverse.

Tiché zavrčanie varovalo Bucka, že Spitz sa odmieta pohnúť.

Hasta ahora, Buck había evitado esta pelea con Spitz.

Buck sa doteraz tomuto súboju so Spitzom vyhýbal.

Pero en lo más profundo de Buck la bestia finalmente se liberó.

Ale hlboko v Buckovom vnútri sa beštia nakoniec uvoľnila.

El robo de su lugar para dormir era algo demasiado difícil de tolerar.

Krádež jeho miesta na spanie bola priveľa na to, aby ju toleroval.

Buck se lanzó hacia Spitz, lleno de ira y rabia.

Buck sa vrhol na Spitza, plný hnevu a zúrivosti.

Hasta ahora Spitz había pensado que Buck era sólo un perro grande.

Až donedávna si Spitz myslel, že Buck je len veľký pes.

No creía que Buck hubiera sobrevivido a través de su espíritu.

Nemyslel si, že Buck prežil vďaka svojmu duchu.

Esperaba miedo y cobardía, no furia y venganza.

Očakával strach a zbabelosť, nie zúrivosť a pomstu.

François se quedó mirando mientras los dos perros salían del nido en ruinas.

François zízal, ako obaja psi vybehli zo zničeného hniezda.

Comprendió de inmediato lo que había iniciado la salvaje lucha.

Hneď pochopil, čo spustilo ten divoký boj.

—¡Ah! —gritó François en apoyo del perro marrón.

„Ááá!" zvolal François na podporu hnedého psa.

¡Dale una paliza! ¡Por Dios, castiga a ese ladrón astuto!

„Dajte mu výprask! Preboha, potrestajte toho prefíkaného zlodeja!"

Spitz mostró la misma disposición y un entusiasmo salvaje por luchar.

Spitz prejavoval rovnakú pripravenosť a divokú dychtivosť do boja.

Gritó de rabia mientras giraba rápidamente en busca de una abertura.

Zúrivo vykríkol a rýchlo krúžil, hľadajúc otvor.

Buck mostró el mismo hambre de luchar y la misma cautela.

Buck prejavoval rovnakú túžbu po boji a rovnakú opatrnosť.

También rodeó a su oponente, intentando obtener la ventaja en la batalla.

Obišiel aj svojho súpera a snažil sa získať v boji prevahu.

Entonces sucedió algo inesperado y lo cambió todo.

Potom sa stalo niečo nečakané a všetko sa zmenilo.

Ese momento retrasó la eventual lucha por el liderazgo.

Tento moment oddialil prípadný boj o vedenie.

Muchos kilómetros de camino y lucha aún nos esperaban antes del final.

Pred koncom ich čakalo ešte veľa kilometrov cesty a úsilia.

Perrault gritó un juramento cuando un garrote impactó contra el hueso.

Perrault zakričal kliatbu, keď palica narazila do kosti.

Se escuchó un agudo grito de dolor y luego el caos explotó por todas partes.

Nasledoval ostrý výkrik bolesti a potom všade naokolo explodoval chaos.

En el campamento se movían figuras oscuras: perros esquimales salvajes, hambrientos y feroces.

V tábore sa pohybovali tmavé postavy; divé husky, vyhladované a zúrivé.

Cuatro o cinco docenas de perros esquimales habían olfateado el campamento desde lejos.

Štyri alebo päť desiatok huskyov vyňuchalo tábor už z diaľky.

Se habían colado sigilosamente mientras los dos perros peleaban cerca.

Ticho sa vkradli dnu, zatiaľ čo sa neďaleko bili dva psy.

François y Perrault atacaron con garrotes a los invasores.

François a Perrault zaútočili a mávali palicami na útočníkov.

Los perros esquimales hambrientos mostraron los dientes y contraatacaron frenéticamente.

Vyhladované husky ukázali zuby a zúrivo sa bránili.

El olor a carne y a pan les había hecho perder todo miedo.

Vôňa mäsa a chleba ich zahnala za všetok strach.

Perrault golpeó a un perro que había enterrado su cabeza en el cajón de comida.

Perrault zbil psa, ktorý si zaboril hlavu do boxu s jedlom.

El golpe fue muy fuerte y la caja se volcó, derramándose comida.

Úder bol silný, krabica sa prevrátila a jedlo sa z nej vysypalo.

En cuestión de segundos, una veintena de bestias salvajes destrozaron el pan y la carne.

V priebehu niekoľkých sekúnd sa do chleba a mäsa roztrhalo množstvo divých zvierat.

Los garrotes de los hombres asestaron golpe tras golpe, pero ningún perro se apartó.

Pánske palice zasadzovali úder za úderom, ale ani jeden pes sa neodvrátil.

Aullaron de dolor, pero lucharon hasta que no quedó comida.

Zavýjali od bolesti, ale bojovali, kým im nezostalo žiadne jedlo.

Mientras tanto, los perros de trineo habían saltado de sus camas nevadas.

Medzitým saňové psy vyskočili zo svojich zasnežených lôžok.

Fueron atacados instantáneamente por los feroces y hambrientos huskies.

Okamžite ich napadli zúriví hladní husky.

Buck nunca había visto criaturas tan salvajes y hambrientas antes.

Buck ešte nikdy nevidel také divé a vyhladované tvory.

Su piel colgaba suelta, ocultando apenas sus esqueletos.

Ich koža visela voľne a ledva zakrývala ich kostry.

Había un fuego en sus ojos, de hambre y locura.

V ich očiach bol oheň od hladu a šialenstva

No había manera de detenerlos, de resistirse a su ataque salvaje.

Nedalo sa ich zastaviť; nedalo sa odolať ich divokému náporu.

Los perros de trineo fueron empujados hacia atrás y presionados contra la pared del acantilado.
Záprahové psy boli zatlačené dozadu a pritlačené k stene útesu.
Tres perros esquimales atacaron a Buck a la vez, desgarrando su carne.
Na Bucka naraz zaútočili traja huskyji a trhali mu mäso.
La sangre le brotaba de la cabeza y de los hombros, donde había recibido el corte.
Z hlavy a ramien, kde bol porezaný, mu tiekla krv.
El ruido llenó el campamento: gruñidos, aullidos y gritos de dolor.
Hluk naplnil tábor; vrčanie, kvílenie a výkriky bolesti.
Billee gritó fuerte, como siempre, atrapada en la pelea y el pánico.
Billee hlasno plakala, ako zvyčajne, zasiahnutá rozruchom a panikou.
Dave y Solleks estaban uno al lado del otro, sangrando pero desafiantes.
Dave a Solleks stáli vedľa seba, krvácali, ale vzdorovito.
Joe peleó como un demonio, mordiendo todo lo que se acercaba.
Joe bojoval ako démon a hrýzol všetko, čo sa k nemu priblížilo.
Aplastó la pata de un husky con un brutal chasquido de sus mandíbulas.
Jedným brutálnym cvaknutím čeľustí rozdrvil huskymu nohu.
Pike saltó sobre el husky herido y le rompió el cuello instantáneamente.
Šťuka skočila na zraneného huskyho a okamžite mu zlomila krk.
Buck agarró a un husky por el cuello y le arrancó la vena.
Buck chytil huskyho za hrdlo a roztrhol mu žilu.
La sangre salpicó y el sabor cálido llevó a Buck al frenesí.
Krv striekala a teplá chuť priviedla Bucka do šialenstva.
Se abalanzó sobre otro atacante sin dudarlo.
Bez váhania sa vrhol na ďalšieho útočníka.

En ese mismo momento, unos dientes afilados se clavaron en la garganta de Buck.

V tej istej chvíli sa Buckovi do hrdla zaryli ostré zuby.

Spitz había atacado desde un costado, sin previo aviso.

Spitz udrel zboku, útočil bez varovania.

Perrault y François habían derrotado a los perros robando la comida.

Perrault a François porazili psy, ktoré kradli jedlo.

Ahora se apresuraron a ayudar a sus perros a luchar contra los atacantes.

Teraz sa ponáhľali pomôcť svojim psom v boji proti útočníkom.

Los perros hambrientos se retiraron mientras los hombres blandían sus garrotes.

Vyhladované psy ustúpili, keď muži mávali palicami.

Buck se liberó del ataque, pero el escape fue breve.

Buck sa útoku vymanil, ale útek bol krátky.

Los hombres corrieron a salvar a sus perros, y los huskies volvieron a atacarlos.

Muži sa rozbehli zachrániť svoje psy a husky sa opäť vyrojili.

Billee, aterrorizado y valiente, saltó hacia la jauría de perros.

Billee, vystrašená a odvážna, skočila do svorky psov.

Pero luego huyó a través del hielo, presa del terror y el pánico.

Ale potom utiekol cez ľad, v čírej hrôze a panike.

Pike y Dub los siguieron de cerca, corriendo para salvar sus vidas.

Pike a Dub ich nasledovali tesne za nimi a bežali, akoby si o život šlo.

El resto del equipo se separó y se dispersó, siguiéndolos.

Zvyšok tímu sa rozpŕchol a nasledoval ich.

Buck reunió sus fuerzas para correr, pero entonces vio un destello.

Buck pozbieral sily, aby utiekol, ale potom zazrel záblesk.

Spitz se abalanzó sobre el costado de Buck, intentando derribarlo al suelo.

Spitz sa vrhol na Bucka a snažil sa ho zraziť na zem.

Bajo esa turba de perros esquimales, Buck no habría tenido escapatoria.

Pod tou skupinou huskyov by Buck nemal únik.

Pero Buck se mantuvo firme y se preparó para el golpe de Spitz.

Buck však stál pevne a pripravoval sa na Spitzov úder.

Luego se dio la vuelta y salió corriendo al hielo con el equipo que huía.

Potom sa otočil a vybehol na ľad s utekajúcim tímom.

Más tarde, los nueve perros de trineo se reunieron al abrigo del bosque.

Neskôr sa deväť záprahových psov zhromaždilo v úkryte lesa.

Ya nadie los perseguía, pero estaban maltratados y heridos.

Nikto ich už neprenasledoval, ale boli dobití a zranení.

Cada perro tenía heridas: cuatro o cinco cortes profundos en cada cuerpo.

Každý pes mal rany; štyri alebo päť hlbokých rezných rán na tele.

Dub tenía una pata trasera herida y ahora le costaba caminar.

Dub mal zranenú zadnú nohu a teraz sa mu ťažko chodilo.

Dolly, la perrita más nueva de Dyea, tenía la garganta cortada.

Dolly, najnovší pes z Dyea, mal podrezané hrdlo.

Joe había perdido un ojo y la oreja de Billee estaba cortada en pedazos.

Joe prišiel o oko a Billee malo rozrezané ucho na kusy.

Todos los perros lloraron de dolor y derrota durante toda la noche.

Všetky psy celú noc kričali od bolesti a porážky.

Al amanecer regresaron al campamento doloridos y destrozados.

Za úsvitu sa vkradli späť do tábora, dounavení a zlomení.

Los perros esquimales habían desaparecido, pero el daño ya estaba hecho.

Husky zmizli, ale škoda už bola napáchaná.

Perrault y François estaban de mal humor ante las ruinas.

Perrault a François stáli nad ruinami v zlej nálade.

La mitad de la comida había desaparecido, robada por los ladrones hambrientos.

Polovica jedla bola preč, uchmatli ju hladní zlodeji.

Los perros esquimales habían destrozado las ataduras y la lona del trineo.

Husky pretrhli viazania saní a plachtu.

Todo lo que tenía olor a comida había sido devorado por completo.

Všetko, čo voňalo jedlom, bolo úplne zjedené.

Se comieron un par de botas de viaje de piel de alce de Perrault.

Zjedli pár Perraultových cestovných čižiem z losej kože.

Masticaban correas de cuero y arruinaban las correas hasta dejarlas inservibles.

Hrýzli kožené remienky a ničili remienky na nič.

François dejó de mirar el látigo roto para revisar a los perros.

François prestal hľadieť na roztrhanú šnúru, aby skontroloval psy.

—Ah, amigos míos —dijo en voz baja y llena de preocupación.

„Ach, priatelia moji," povedal tichým hlasom plným starostí.

"Tal vez todas estas mordeduras os conviertan en bestias locas."

„Možno z vás všetky tieto uhryznutia urobia šialené beštie."

—¡Quizás todos sean perros rabiosos, sacredam! ¿Qué opinas, Perrault?

„Možno všetky besné psy, posvätný jaj! Čo si o tom myslíš, Perrault?"

Perrault meneó la cabeza; sus ojos estaban oscuros por la preocupación y el miedo.

Perrault pokrútil hlavou, oči mu stmavli od obáv a strachu.

Todavía había cuatrocientas millas entre ellos y Dawson.

Od Dawsona ich stále delilo štyristo míľ.

La locura canina ahora podría destruir cualquier posibilidad de supervivencia.

Psie šialenstvo by teraz mohlo zničiť akúkoľvek šancu na prežitie.

Pasaron dos horas maldiciendo y tratando de arreglar el engranaje.

Strávili dve hodiny nadávaním a snahou opraviť výstroj.

El equipo herido finalmente abandonó el campamento, destrozado y derrotado.

Zranený tím nakoniec opustil tábor, zlomený a porazený.

Éste fue el camino más difícil hasta ahora y cada paso era doloroso.

Toto bola doteraz najťažšia trasa a každý krok bol bolestivý.

El río Treinta Millas no se había congelado y su caudal corría con fuerza.

Rieka Tridsaťmíľa nezamrzla a divoko prúdila.

Sólo en los lugares tranquilos y en los remolinos el hielo logró retenerse.

Ľad sa dokázal udržať iba na pokojných miestach a vo víriacich sa víroch.

Pasaron seis días de duro trabajo hasta recorrer las treinta millas.

Uplynulo šesť dní tvrdej práce, kým boli prekonaní tridsať míľ.

Cada kilómetro del camino traía consigo peligro y amenaza de muerte.

Každá míľa chodníka prinášala nebezpečenstvo a hrozbu smrti.

Los hombres y los perros arriesgaban sus vidas con cada doloroso paso.

Muži a psy riskovali svoje životy pri každom bolestivom kroku.

Perrault rompió delgados puentes de hielo una docena de veces diferentes.

Perrault prerazil tenké ľadové mosty tucetkrát.

Llevó un palo y lo dejó caer sobre el agujero que había hecho su cuerpo.

Niesol tyč a nechal ju spadnúť cez dieru, ktorú vytvorilo jeho telo.

Más de una vez ese palo salvó a Perrault de ahogarse.
Táto tyč viackrát zachránila Perraulta pred utopením.
La ola de frío se mantuvo firme y el aire estaba a cincuenta grados bajo cero.
Chlad sa udržal, vzduch mal päťdesiat stupňov pod nulou.
Cada vez que se caía, Perrault tenía que encender un fuego para sobrevivir.
Vždy, keď Perrault spadol do ohňa, musel si založiť oheň, aby prežil.
La ropa mojada se congelaba rápidamente, por lo que la secaba cerca del calor abrasador.
Mokré oblečenie rýchlo mrzlo, a tak ho sušil blízko prudkého tepla.
Ningún miedo afectó jamás a Perrault, y eso lo convirtió en mensajero.
Perraulta nikdy nepochytil strach, a to z neho robilo kuriéra.
Fue elegido para el peligro y lo afrontó con tranquila resolución.
Bol vyvolený pre nebezpečenstvo a čelil mu s tichým odhodlaním.
Avanzó contra el viento, con el rostro arrugado y congelado.
Tlačil sa dopredu do vetra, scvrknutú tvár mal omrznutú.
Desde el amanecer hasta el anochecer, Perrault los condujo hacia adelante.
Od slabého úsvitu do súmraku ich Perrault viedol vpred.
Caminó sobre un estrecho borde de hielo que se agrietaba con cada paso.
Kráčal po úzkom okraji ľadu, ktorý pri každom kroku praskal.
No se atrevieron a detenerse: cada pausa suponía el riesgo de un colapso mortal.
Neodvážili sa zastaviť – každá pauza riskovala smrteľný kolaps.
Una vez, el trineo se abrió paso y arrastró a Dave y Buck.
Raz sa sane pretrhli a stiahli Davea a Bucka dnu.
Cuando los liberaron, ambos estaban casi congelados.
Keď ich vytiahli na slobodu, obaja boli takmer omrznutí.

Los hombres hicieron un fuego rápidamente para mantener con vida a Buck y Dave.

Muži rýchlo založili oheň, aby Bucka a Davea udržali nažive.

Los perros estaban cubiertos de hielo desde la nariz hasta la cola, rígidos como madera tallada.

Psy boli od nosa po chvost pokryté ľadom, stuhnuté ako vyrezávané drevo.

Los hombres los hicieron correr en círculos cerca del fuego para descongelar sus cuerpos.

Muži ich krúžili pri ohni, aby im rozmrazili telá.

Se acercaron tanto a las llamas que su pelaje se quemó.

Prišli tak blízko k plameňom, že im spálili srsť.

Luego Spitz rompió el hielo y arrastró al equipo detrás de él.

Spitz sa predral cez ľad a stiahol za sebou tím.

La ruptura llegó hasta donde Buck estaba tirando.

Zlom siahal až k miestu, kde Buck ťahal.

Buck se reclinó con fuerza hacia atrás, sus patas resbalaron y temblaron en el borde.

Buck sa prudko oprel dozadu, labky sa mu šmýkali a triasli sa na okraji.

Dave también se esforzó hacia atrás, justo detrás de Buck en la línea.

Dave sa tiež napnul dozadu, hneď za Buckа na lane.

François tiró del trineo; sus músculos crujían por el esfuerzo.

François ťahal sane, svaly mu praskali od námahy.

En otra ocasión, el borde del hielo se agrietó delante y detrás del trineo.

Inokedy okrajový ľad praskol pred a za saňami.

No tenían otra salida que escalar una pared del acantilado congelado.

Nemali inú cestu von, len vyliezť na zamrznutú stenu útesu.

De alguna manera Perrault logró escalar el muro; un milagro lo mantuvo con vida.

Perrault sa nejako prešplhal na múr; zázrak ho udržal nažive.

François se quedó abajo, rezando por tener la misma suerte.

François zostal dole a modlil sa za rovnaké šťastie.

Ataron todas las correas, amarres y tirantes hasta formar una cuerda larga.

Zviazali každý popruh, šnúru a lano do jedného dlhého lana.

Los hombres subieron cada perro, uno a uno, hasta la cima.

Muži vytiahli každého psa hore, jedného po druhom, na vrchol.

François subió el último, después del trineo y toda la carga.

François liezol posledný, po saniach a celom náklade.

Entonces comenzó una larga búsqueda de un camino para bajar de los acantilados.

Potom sa začalo dlhé hľadanie cesty dole z útesov.

Finalmente descendieron usando la misma cuerda que habían hecho.

Nakoniec zostúpili pomocou toho istého lana, ktoré si vyrobili.

La noche cayó cuando regresaron al lecho del río, exhaustos y doloridos.

Zotmelo sa, keď sa vyčerpaní a ubolení vracali do koryta rieky.

El día completo les había proporcionado sólo un cuarto de milla de ganancia.

Trvalo im celý deň, kým prešli len štvrť míle.

Cuando llegaron a Hootalinqua, Buck estaba agotado.

Keď dorazili k Hootalinquovi, Buck bol vyčerpaný.

Los demás perros sufrieron igual de mal las condiciones del sendero.

Ostatné psy trpeli rovnako ťažko kvôli podmienkam na chodníku.

Pero Perrault necesitaba recuperar tiempo y los presionaba cada día.

Perrault však potreboval získať späť čas a každý deň ich tlačil vpred.

El primer día viajaron treinta millas hasta Big Salmon.

Prvý deň precestovali tridsať míľ do Big Salmonu.

Al día siguiente viajaron treinta y cinco millas hasta Little Salmon.

Na druhý deň precestovali tridsaťpäť míľ do Little Salmon.

Al tercer día avanzaron a través de cuarenta largas y heladas millas.

Na tretí deň sa pretlačili cez dlhých štyridsať kilometrov zamrznutých oblastí.

Para entonces, se estaban acercando al asentamiento de Five Fingers.

V tom čase sa už blížili k osade Five Fingers.

Los pies de Buck eran más suaves que los duros pies de los huskies nativos.

Buckove nohy boli mäkšie ako tvrdé nohy pôvodných huskyov.

Sus patas se habían vuelto tiernas a lo largo de muchas generaciones civilizadas.

Jeho labky zoslabli počas mnohých civilizovaných generácií.

Hace mucho tiempo, sus antepasados habían sido domesticados por hombres del río o cazadores.

Kedysi dávno boli jeho predkovia skrotení riečnymi ľuďmi alebo lovcami.

Todos los días Buck cojeaba de dolor, caminando sobre sus patas doloridas y en carne viva.

Buck každý deň kríval od bolesti a chodil po odumretých, boľavých labkách.

En el campamento, Buck cayó como un cuerpo sin vida sobre la nieve.

V tábore Buck klesol ako bezvládne telo na sneh.

Aunque estaba hambriento, Buck no se levantó a comer su cena.

Hoci bol hladný, Buck nevstal, aby zjedol večeru.

François le trajo a Buck su ración, poniendo pescado junto a su hocico.

François priniesol Buckovi jeho prídel a položil mu rybu pri papuli.

Cada noche, el conductor frotaba los pies de Buck durante media hora.

Každú noc vodič pol hodiny masíroval Buckove nohy.

François incluso cortó sus propios mocasines para hacer calzado para perros.

François si dokonca nastrihal vlastné mokasíny, aby z nich vyrobil obuv pre psov.

Cuatro zapatos cálidos le dieron a Buck un gran y bienvenido alivio.

Štyri teplé topánky poskytli Buckovi veľkú a vítanú úľavu.

Una mañana, François olvidó los zapatos y Buck se negó a levantarse.

Jedného rána si François zabudol topánky a Buck odmietol vstať.

Buck yacía de espaldas, con los pies en el aire, agitándolos lastimeramente.

Buck ležal na chrbte s nohami vo vzduchu a žalostne nimi mával.

Incluso Perrault sonrió al ver la dramática súplica de Buck.

Dokonca aj Perrault sa uškrnul pri pohľade na Buckovu dramatickú prosbu.

Pronto los pies de Buck se endurecieron y los zapatos pudieron desecharse.

Buckovi čoskoro stvrdli nohy a topánky sa mohli vyzuť.

En Pelly, durante el periodo de uso del arnés, Dolly emitió un aullido terrible.

V Pelly, počas zapredávania, Dolly vydala strašný výkrik.

El grito fue largo y lleno de locura, sacudiendo a todos los perros.

Krik bol dlhý a plný šialenstva, triasol každým psom.

Cada perro se erizaba de miedo sin saber el motivo.

Každý pes sa od strachu ježil bez toho, aby vedel prečo.

Dolly se volvió loca y se arrojó directamente hacia Buck.

Dolly sa zbláznila a vrhla sa priamo na Bucka.

Buck nunca había visto la locura, pero el horror llenó su corazón.

Buck nikdy nevidel šialenstvo, ale hrôza mu naplnila srdce.

Sin pensarlo, se dio la vuelta y huyó presa del pánico absoluto.

Bez rozmýšľania sa otočil a v panike utiekol.

Dolly lo persiguió con los ojos desorbitados y la saliva saliendo de sus mandíbulas.

Dolly ho prenasledovala s divokými očami a slinami, ktoré jej tiekli z čeľustí.

Ella se mantuvo justo detrás de Buck, sin ganar terreno ni quedarse atrás.

Držala sa tesne za Buckom, nikdy ho nepredbiehala ani neustupovala.

Buck corrió a través del bosque, bajó por la isla y cruzó el hielo irregular.

Buck bežal lesom, dolu ostrovom, cez rozoklaný ľad.

Cruzó hacia una isla, luego hacia otra, dando la vuelta nuevamente hasta el río.

Prešiel k ostrovu, potom k ďalšiemu a vrátil sa späť k rieke.

Aún así Dolly lo persiguió, con su gruñido detrás de cada paso.

Dolly ho stále prenasledovala a vrčala za ním pri každom kroku.

Buck podía oír su respiración y su rabia, aunque no se atrevía a mirar atrás.

Buck počul jej dych a zúrivosť, hoci sa neodvážil obzrieť späť.

François gritó desde lejos y Buck se giró hacia la voz.

François zakričal z diaľky a Buck sa otočil za hlasom.

Todavía jadeando en busca de aire, Buck pasó corriendo, poniendo toda su esperanza en François.

Buck stále lapal po dychu a prebehol okolo, vkladajúc všetku nádej vo Françoisa.

El conductor del perro levantó un hacha y esperó mientras Buck pasaba volando.

Psár zdvihol sekeru a čakal, kým okolo preletí Buck.

El hacha cayó rápidamente y golpeó la cabeza de Dolly con una fuerza mortal.

Sekera rýchlo dopadla a udrela Dolly do hlavy smrtiacou silou.

Buck se desplomó cerca del trineo, jadeando e incapaz de moverse.

Buck sa zrútil blízko saní, sipel a neschopný sa pohnúť.

Ese momento le dio a Spitz la oportunidad de golpear a un enemigo exhausto.

V tej chvíli mal Spitz šancu zasiahnuť vyčerpaného súpera.

Mordió a Buck dos veces, desgarrando la carne hasta el hueso blanco.

Dvakrát uhryzol Bucka a roztrhal mu mäso až po bielu kosť.

El látigo de François hizo chasquear el látigo y golpeó a Spitz con toda su fuerza y furia.

Françoisov bič praskol a udrel Spitza plnou, zúrivou silou.

Buck observó con alegría cómo Spitz recibía la paliza más dura que había recibido hasta entonces.

Buck s radosťou sledoval, ako Spitz dostáva svoj doteraz najtvrdší výprask.

"Es un demonio ese Spitz", murmuró Perrault para sí mismo.

„Je to diabol, ten Spitz," zamrmlal si Perrault temne popod nos.

"Algún día, ese maldito perro matará a Buck, lo juro".

„Jedného dňa čoskoro ten prekliaty pes zabije Bucka – prisahám."

—Ese Buck tiene dos demonios dentro —respondió François asintiendo.

„Ten Buck má v sebe dvoch diablov," odpovedal François s prikývnutím.

"Cuando veo a Buck, sé que algo feroz le aguarda dentro".

„Keď sledujem Bucka, viem, že v ňom čaká niečo zúrivé."

"Un día se pondrá furioso y destrozará a Spitz".

„Jedného dňa sa rozzúri ako oheň a roztrhá Špica na kusy."

"Masticará a ese perro y lo escupirá en la nieve congelada".

„Rozohryzie toho psa a vypľuje ho na zamrznutý sneh."

"Estoy seguro de que lo sé en lo más profundo de mi ser".

„Jasné, že to viem hlboko v kostiach."

A partir de ese momento los dos perros quedaron en guerra.

Od tej chvíle boli medzi týmito dvoma psami vojna.

Spitz lideró al equipo y mantuvo el poder, pero Buck lo desafió.

Spitz viedol tím a mal moc, ale Buck to spochybnil.

Spitz vio su rango amenazado por este extraño extraño de Southland.

Spitz videl, ako tento zvláštny cudzinec z Juhu ohrozuje jeho hodnosť.

Buck no se parecía a ningún otro perro sureño que Spitz hubiera conocido antes.

Buck sa nepodobal žiadnemu južanskému psovi, akého Spitz predtým poznal.

La mayoría de ellos fracasaron: eran demasiado débiles para sobrevivir al frío y al hambre.

Väčšina z nich zlyhala – boli príliš slabí na to, aby prežili zimu a hlad.

Murieron rápidamente bajo el trabajo, las heladas y el lento ardor del hambre.

Rýchlo umierali pod prácou, mrazom a pomalým horením hladomoru.

Buck se destacó: cada día más fuerte, más inteligente y más salvaje.

Buck vyčnieval z davu – silnejší, múdrejší a každý deň divokejší.

Prosperó a pesar de las dificultades y creció hasta alcanzar el nivel de los perros esquimales del norte.

Darilo sa mu v ťažkostiach a vyrástol tak, aby sa vyrovnal severným huskyom.

Buck tenía fuerza, habilidad salvaje y un instinto paciente y mortal.

Buck mal silu, divokú zručnosť a trpezlivý, smrtiaci inštinkt.

El hombre con el garrote había golpeado la temeridad de Buck.

Muž s palicou z Bucka vyhnal unáhlenosť.

La furia ciega desapareció y fue reemplazada por una astucia silenciosa y control.

Slepá zúrivosť bola preč, nahradila ju tichá prefíkanosť a sebakontrola.

Esperó, tranquilo y primario, observando el momento adecuado.

Čakal, pokojný a prapôvodný, vyčkával na správny okamih.

Su lucha por el mando se hizo inevitable y clara.
Ich boj o velenie sa stal nevyhnutným a jasným.
Buck deseaba el liderazgo porque su espíritu lo exigía.
Buck túžil po vedení, pretože si to vyžadoval jeho duch.
Lo impulsaba el extraño orgullo nacido del camino y del arnés.
Poháňala ho zvláštna hrdosť prameniaca z cesty a postroja.
Ese orgullo hizo que los perros tiraran hasta caer sobre la nieve.
Tá hrdosť nútila psy ťahať, až kým sa nezrútili na sneh.
El orgullo los llevó a dar toda la fuerza que tenían.
Pýcha ich lákala k tomu, aby vydali všetku svoju silu.
El orgullo puede atraer a un perro de trineo incluso hasta el punto de la muerte.
Pýcha dokáže zlákať záprahového psa až na smrť.
La pérdida del arnés dejó a los perros rotos y sin propósito.
Strata postroja zanechala psy zlomené a bez účelu.
El corazón de un perro de trineo puede quedar aplastado por la vergüenza cuando se retira.
Srdce záprahového psa môže byť zdrvené hanbou, keď odíde do dôchodku.
Dave vivió con ese orgullo mientras arrastraba el trineo desde atrás.
Dave žil z tejto hrdosti, keď ťahal sane zozadu.
Solleks también lo dio todo con fuerza y lealtad.
Aj Solleks zo seba vydal všetko s pochmúrnou silou a lojalitou.
Cada mañana, el orgullo los transformaba de amargados a decididos.
Každé ráno ich pýcha zmenila zo zatrpknutosti na odhodlanie.
Empujaron todo el día y luego se quedaron en silencio al final del campamento.
Celý deň sa tlačili a potom na konci tábora stíchli.
Ese orgullo le dio a Spitz la fuerza para poner a raya a los evasores.
Táto hrdosť dala Spitzovi silu predbehnúť tých, ktorí sa vyhýbali zodpovednosti.

Spitz temía a Buck porque Buck tenía ese mismo orgullo profundo.

Spitz sa Bucka bál, pretože Buck v sebe niesol rovnakú hlbokú hrdosť.

El orgullo de Buck ahora se agitó contra Spitz, y no se detuvo.

Buckova hrdosť sa teraz vzbúrila proti Spitzovi a nezastavil sa.

Buck desafió el poder de Spitz y le impidió castigar a los perros.

Buck sa vzoprel Spitzovej moci a zabránil mu v trestaní psov.

Cuando otros fallaron, Buck se interpuso entre ellos y su líder.

Keď iní zlyhali, Buck sa postavil medzi nich a ich vodcu.

Lo hizo con intención, dejando claro y abierto su desafío.

Urobil to zámerne, čím svoju výzvu vyjadril otvorene a jasne.

Una noche, una fuerte nevada cubrió el mundo con un profundo silencio.

Jednej noci husté sneženie zahalilo svet hlbokým tichom.

A la mañana siguiente, Pike, perezoso como siempre, no se levantó para ir a trabajar.

Nasledujúce ráno Pike, lenivý ako vždy, nevstal do práce.

Se quedó escondido en su nido bajo una gruesa capa de nieve.

Zostal schovaný vo svojom hniezde pod hrubou vrstvou snehu.

François gritó y buscó, pero no pudo encontrar al perro.

François zavolal a hľadal, ale psa nenašiel.

Spitz se puso furioso y atravesó furioso el campamento cubierto de nieve.

Spitz sa rozzúril a vbehol cez zasnežený tábor.

Gruñó y olfateó, cavando frenéticamente con ojos llameantes.

Vrčal a čuchal, šialene hrabal s planúcimi očami.

Su rabia era tan feroz que Pike tembló de miedo bajo la nieve.

Jeho zúrivosť bola taká prudká, že sa Šťuka triasla pod snehom od strachu.

Cuando finalmente encontraron a Pike, Spitz se abalanzó sobre él para castigar al perro que estaba escondido.

Keď Pikea konečne našli, Spitz sa vrhol na skrývajúceho sa psa, aby ho potrestal.

Pero Buck saltó entre ellos con una furia igual a la de Spitz.

Ale Buck medzi nich skočil s rovnakou zúrivosťou ako Spitzova.

El ataque fue tan repentino e inteligente que Spitz cayó al suelo.

Útok bol taký náhly a šikovný, že Spitz spadol z nôh.

Pike, que estaba temblando, se animó ante este desafío.

Pike, ktorý sa celý triasol, nabral z tohto vzdoru odvahu.

Saltó sobre el Spitz caído, siguiendo el audaz ejemplo de Buck.

Skočil na padlého Špica, nasledujúc Buckov odvážny príklad.

Buck, que ya no estaba obligado por la justicia, se unió a la huelga de Spitz.

Buck, už neviazaný spravodlivosťou, sa pridal k štrajku na Spitzi.

François, divertido pero firme en su disciplina, blandió su pesado látigo.

François, pobavený, no zároveň neochvejný v disciplíne, švihol ťažkým bičom.

Golpeó a Buck con todas sus fuerzas para acabar con la pelea.

Z celej sily udrel Bucka, aby prerušil bitku.

Buck se negó a moverse y se quedó encima del líder caído.

Buck sa odmietol pohnúť a zostal na vrchole padlého vodcu.

François entonces utilizó el mango del látigo y golpeó con fuerza a Buck.

François potom použil rúčku biča a silno udrel Bucka.

Tambaleándose por el golpe, Buck cayó hacia atrás bajo el asalto.

Buck sa potácal pod úderom a spadol pod útokom.

François golpeó una y otra vez mientras Spitz castigaba a Pike.

François udrel znova a znova, zatiaľ čo Spitz trestal Pikea.

Pasaron los días y Dawson City estaba cada vez más cerca.

Dni plynuli a Dawson City sa približovalo a približovalo.

Buck seguía interfiriendo, interponiéndose entre Spitz y otros perros.

Buck sa stále miešal a vkĺzaval medzi Špica a ostatné psy.

Elegía bien sus momentos, esperando siempre que François se marchase.

Dobre si vyberal chvíle, vždy čakal, kým François odíde.

La rebelión silenciosa de Buck se extendió y el desorden se arraigó en el equipo.

Buckova tichá vzbura sa šírila a v tíme sa zakorenil neporiadok.

Dave y Solleks se mantuvieron leales, pero otros se volvieron rebeldes.

Dave a Solleks zostali verní, ale iní sa stali neposlušnými.

El equipo empeoró: se volvió inquieto, pendenciero y fuera de lugar.

Tím sa zhoršoval – bol nepokojný, hádavý a nesúrodý.

Ya nada funcionaba con fluidez y las peleas se volvieron algo habitual.

Nič už nefungovalo hladko a bitky sa stali bežnými.

Buck permaneció en el corazón del problema, provocando siempre malestar.

Buck zostal v centre diania a neustále vyvolával nepokoje.

François se mantuvo alerta, temeroso de la pelea entre Buck y Spitz.

François zostal v strehu, pretože sa bál bitky medzi Buckom a Spitzom.

Cada noche, las peleas lo despertaban, temiendo que finalmente llegara el comienzo.

Každú noc ho budili šarvátky, pretože sa bál, že konečne nastal začiatok.

Saltó de su túnica, dispuesto a detener la pelea.

Vyskočil zo svojho rúcha, pripravený prerušiť boj.

Pero el momento nunca llegó y finalmente llegaron a Dawson.

Ale tá chvíľa nikdy neprišla a konečne dorazili do Dawsonu.

El equipo entró en la ciudad una tarde sombría, tensa y silenciosa.

Tím v jedno pochmúrne popoludnie vstúpil do mesta, napätý a tichý.

La gran batalla por el liderazgo todavía estaba suspendida en el aire.

Veľký boj o vedenie stále visel v zamrznutom vzduchu.

Dawson estaba lleno de hombres y perros de trineo, todos ocupados con el trabajo.

Dawson bol plný mužov a záprahových psov, všetci boli zaneprázdnení prácou.

Buck observó a los perros tirar cargas desde la mañana hasta la noche.

Buck sledoval, ako psy ťahajú bremená od rána do večera.

Transportaban troncos y leña y transportaban suministros a las minas.

Prepravovali polená a palivové drevo, prepravovali zásoby do baní.

Donde antes trabajaban los caballos en las tierras del sur, ahora trabajaban los perros.

Tam, kde kedysi na Juhu pracovali kone, teraz namáhali psy.

Buck vio algunos perros del sur, pero la mayoría eran huskies parecidos a lobos.

Buck videl niekoľko psov z juhu, ale väčšina z nich boli huskyja podobní vlkom.

Por la noche, como un reloj, los perros alzaban sus voces cantando.

V noci, ako hodinky, psy zvyšovali hlasy v speve.

A las nueve, a las doce y de nuevo a las tres, empezó el canto.

O deviatej, o polnoci a znova o tretej sa začal spev.

A Buck le encantaba unirse a su canto misterioso, de sonido salvaje y antiguo.

Buck sa s nadšením pridával k ich strašidelnému spevu, divokému a starodávnemu.

La aurora llameó, las estrellas bailaron y la nieve cubrió la tierra.

Polárna žiara vzplanula, hviezdy tancovali a krajinu pokrýval sneh.

El canto de los perros se elevó como un grito contra el silencio y el frío intenso.

Psí spev sa zdvíhal ako krik proti tichu a krutej zime.

Pero su aullido contenía tristeza, no desafío, en cada larga nota.

Ale v každom dlhom tóne ich zavýjania bolo cítiť smútok, nie vzdor.

Cada grito lamentable estaba lleno de súplica: el peso de la vida misma.

Každý nárek bol plný prosieb; ťarcha samotného života.

Esa canción era vieja, más vieja que las ciudades y más vieja que los incendios.

Tá pieseň bola stará – staršia než mestá a staršia než požiare

Aquella canción era más antigua incluso que las voces de los hombres.

Tá pieseň bola ešte staršia než ľudské hlasy.

Era una canción del mundo joven, cuando todas las canciones eran tristes.

Bola to pieseň z mladého sveta, keď boli všetky piesne smutné.

La canción transportaba el dolor de incontables generaciones de perros.

Pieseň niesla smútok nespočetných generácií psov.

Buck sintió la melodía profundamente, gimiendo por un dolor arraigado en los siglos.

Buck hlboko precítil melódiu a stonal od bolesti zakorenenej vo vekoch.

Sollozaba por un dolor tan antiguo como la sangre salvaje en sus venas.

Vzlykal od žiaľu starého ako divoká krv v jeho žilách.

El frío, la oscuridad y el misterio tocaron el alma de Buck.

Chlad, tma a tajomstvo sa dotkli Buckovej duše.

Esa canción demostró hasta qué punto Buck había regresado a sus orígenes.

Tá pieseň dokázala, ako ďaleko sa Buck vrátil k svojim koreňom.

Entre la nieve y los aullidos había encontrado el comienzo de su propia vida.

Cez sneh a zavýjanie našiel začiatok svojho vlastného života.

Siete días después de llegar a Dawson, partieron nuevamente.

Sedem dní po príchode do Dawsonu sa opäť vydali na cestu.

El equipo descendió del cuartel hasta el sendero Yukon.

Tím zostúpil z kasární dole na Yukon Trail.

Comenzaron el viaje de regreso hacia Dyea y Salt Water.

Začali cestu späť k Dyea a Salt Water.

Perrault llevaba despachos aún más urgentes que antes.

Perrault nosil ešte naliehavejšie zásielky ako predtým.

También se sintió dominado por el orgullo por el sendero y se propuso establecer un récord.

Tiež ho pohltila hrdosť na trail a jeho cieľom bolo vytvoriť rekord.

Esta vez, varias ventajas estaban del lado de Perrault.

Tentoraz bolo na Perraultovej strane niekoľko výhod.

Los perros habían descansado durante una semana entera y recuperaron su fuerza.

Psy odpočívali celý týždeň a nabrali späť sily.

El camino que ellos habían abierto ahora estaba compactado por otros.

Chodník, ktorý vydláždili, teraz vydupali iní.

En algunos lugares, la policía había almacenado comida tanto para perros como para hombres.

Na niektorých miestach mala polícia uskladnené jedlo pre psy aj mužov.

Perrault viajaba ligero, moviéndose rápido y con poco que lo pesara.

Perrault cestoval naľahko, pohyboval sa rýchlo a málo ho zaťažovalo.

Llegaron a Sixty-Mile, un recorrido de cincuenta millas, en la primera noche.

Prvú noc dosiahli Sixty-Mile, päťdesiatmíľový beh.

El segundo día, se apresuraron a subir por el Yukón hacia Pelly.

Na druhý deň sa ponáhľali hore Yukonom smerom k Pelly.

Pero estos grandes avances implicaron un gran esfuerzo para François.

Ale takýto pekný pokrok prišiel pre Françoisa s veľkou námahou.

La rebelión silenciosa de Buck había destrozado la disciplina del equipo.

Buckova tichá vzbura narušila disciplínu v tíme.

Ya no tiraban juntos como una sola bestia bajo las riendas.

Už neťahali za jeden povraz ako jedna beštia v uzde.

Buck había llevado a otros al desafío mediante su valiente ejemplo.

Buck svojím odvážnym príkladom viedol ostatných k vzdoru.

La orden de Spitz ya no fue recibida con miedo ni respeto.

Spitzov rozkaz sa už nestretával so strachom ani rešpektom.

Los demás perdieron el respeto que le tenían y se atrevieron a resistirse a su gobierno.

Ostatní stratili k nemu úctu a odvážili sa vzoprieť jeho vláde.

Una noche, Pike robó medio pescado y se lo comió bajo la mirada de Buck.

Jednej noci Pike ukradol pol ryby a zjedol ju Buckovi priamo pred očami.

Otra noche, Dub y Joe pelearon contra Spitz y quedaron impunes.

Ďalšiu noc sa Dub a Joe pobili so Spitzom a zostali bez trestu.

Incluso Billee se quejó con menos dulzura y mostró una nueva agudeza.

Dokonca aj Billee kňučala menej sladko a prejavila novú bystrosť.

Buck le gruñó a Spitz cada vez que se cruzaban.

Buck zavrčal na Spitza vždy, keď sa im skrížili cesty.

La actitud de Buck se volvió audaz y amenazante, casi como la de un matón.

Buckov póstoj sa stal odvážnym a hrozivým, takmer ako u tyrana.

Caminó delante de Spitz con arrogancia, lleno de amenaza burlona.

Prechádzal sa pred Spitzom s chvastavým výrazom plným posmešnej hrozby.

Ese colapso del orden se extendió también entre los perros de trineo.

Tento kolaps poriadku sa rozšíril aj medzi záprahovými psami.

Pelearon y discutieron más que nunca, llenando el campamento de ruido.

Hádali sa a hádali viac ako kedykoľvek predtým, čím tábor naplnili hlukom.

La vida en el campamento se convertía cada noche en un caos salvaje y aullante.

Život v tábore sa každú noc menil na divoký, zavýjajúci chaos.

Sólo Dave y Solleks permanecieron firmes y concentrados.

Iba Dave a Solleks zostali stabilní a sústredení.

Pero incluso ellos se enojaron por las peleas constantes.

Ale aj oni sa kvôli neustálym bitkám rozčúlili.

François maldijo en lenguas extrañas y pisoteó con frustración.

François zanadával v zvláštnych jazykoch a frustrovane dupol nohami.

Se tiró del pelo y gritó mientras la nieve volaba bajo sus pies.

Trhal si vlasy a kričal, zatiaľ čo pod nohami lietal sneh.

Su látigo azotó a la manada, pero apenas logró mantenerlos bajo control.

Jeho bič šľahol po svorke, ale ledva ich udržal v rade.

Cada vez que él le daba la espalda, la lucha estallaba de nuevo.

Vždy, keď sa otočil chrbtom, boje vypukli znova.

François utilizó el látigo para azotar a Spitz, mientras Buck lideraba a los rebeldes.

François použil bič pre Spitza, zatiaľ čo Buck viedol rebelov.

Cada uno conocía el papel del otro, pero Buck evitó cualquier culpa.

Každý poznal úlohu toho druhého, ale Buck sa vyhýbal akémukoľvek obviňovaniu.

François nunca sorprendió a Buck iniciando una pelea o eludiendo su trabajo.

François nikdy neprichytil Bucka pri začatí bitky alebo pri vyhýbaní sa práci.

Buck trabajó duro con el arnés; el trabajo ahora emocionaba su espíritu.

Buck tvrdo pracoval v postroji – drina teraz vzrušovala jeho ducha.

Pero encontró aún más alegría al provocar peleas y caos en el campamento.

Ale ešte väčšiu radosť nachádzal v rozdúchavaní bitiek a chaosu v tábore.

Una noche, en la desembocadura del Tahkeena, Dub asustó a un conejo.

Jedného večera pri Tahkeeninej papuli Dub vyplašil králika.

Falló el tiro y el conejo con raquetas de nieve saltó lejos.

Nezachytil ho a zajac na snežniciach odskočil preč.

En cuestión de segundos, todo el equipo de trineo los persiguió con gritos salvajes.

O niekoľko sekúnd sa celý záprah s divokým krikom dal do prenasledovania.

Cerca de allí, un campamento de la Policía del Noroeste albergaba cincuenta perros husky.

Neďaleko sa v tábore severozápadnej polície nachádzalo päťdesiat psov husky.

Se unieron a la caza y navegaron juntos por el río helado.

Pridali sa k lovu a spoločne sa rútili dolu zamrznutou riekou.

El conejo se desvió del río y huyó hacia el lecho congelado del arroyo.

Králik odbočil z rieky a utekal hore zamrznutým korytom potoka.

El conejo saltaba suavemente sobre la nieve mientras los perros se abrían paso con dificultad.

Králik zľahka poskakoval po snehu, zatiaľ čo psy sa cezň predierali.

Buck lideró la enorme manada de sesenta perros en cada curva.

Buck viedol obrovskú svorku šesťdesiatich psov okolo každej kľukatej zákruty.

Avanzó lentamente y con entusiasmo, pero no pudo ganar terreno.

Tlačil sa vpred, nízko a dychtivo, ale nemohol sa presadiť.

Su cuerpo brillaba bajo la pálida luna con cada poderoso salto.

Jeho telo sa mihalo pod bledým mesiacom s každým silným skokom.

Más adelante, el conejo se movía como un fantasma, silencioso y demasiado rápido para atraparlo.

Pred nimi sa králik pohyboval ako duch, tichý a príliš rýchly na to, aby ho chytili.

Todos esos viejos instintos —el hambre, la emoción— se apoderaron de Buck.

Všetky tie staré inštinkty – hlad, vzrušenie – prebehli Buckom.

Los humanos a veces sienten este instinto y se ven impulsados a cazar con armas de fuego y balas.

Ľudia tento inštinkt občas pociťujú, sú hnaní loviť so zbraňou a guľkou.

Pero Buck sintió este sentimiento a un nivel más profundo y personal.

Buck však tento pocit cítil na hlbšej a osobnejšej úrovni.

No podían sentir lo salvaje en su sangre como Buck podía sentirlo.

Nedokázali cítiť divočinu vo svojej krvi tak, ako ju cítil Buck.

Persiguió carne viva, dispuesto a matar con los dientes y saborear la sangre.

Naháňal živé mäso, pripravený zabíjať zubami a ochutnať krv.

Su cuerpo se tensó de alegría, queriendo bañarse en la cálida vida roja.

Jeho telo sa napínalo radosťou, túžilo sa kúpať v teplej červenej farbe života.

Una extraña alegría marca el punto más alto que la vida puede alcanzar.

Zvláštna radosť označuje najvyšší bod, aký môže život dosiahnuť.

La sensación de una cima donde los vivos olvidan que están vivos.

Pocit vrcholu, kde živí zabudnú, že vôbec žijú.

Esta alegría profunda conmueve al artista perdido en una inspiración ardiente.

Táto hlboká radosť sa dotýka umelca strateného v žiarivej inšpirácii.

Esta alegría se apodera del soldado que lucha salvajemente y no perdona a ningún enemigo.

Táto radosť zmocňuje sa vojaka, ktorý bojuje divoko a nešetrí žiadneho nepriateľa.

Esta alegría ahora se apoderó de Buck mientras lideraba la manada con hambre primaria.

Táto radosť teraz pohltila Bucka, ktorý viedol svorku v prvotnom hlade.

Aulló con el antiguo grito del lobo, emocionado por la persecución en vida.

Zavýjal starodávnym vlčím krikom, vzrušený živou naháňačkou.

Buck recurrió a la parte más antigua de sí mismo, perdida en la naturaleza.

Buck sa napojil na najstaršiu časť seba, stratenú v divočine.

Llegó a lo más profundo, más allá de la memoria, al tiempo crudo y antiguo.

Siahol hlboko v sebe, za hranice pamäti, do surového, dávneho času.

Una ola de vida pura recorrió cada músculo y tendón.

Vlna čistého života prebehla každým svalom a šľachou.

Cada salto gritaba que vivía, que avanzaba a través de la muerte.

Každý skok kričal, že žije, že prechádza smrťou.

Su cuerpo se elevaba alegremente sobre una tierra quieta y fría que nunca se movía.

Jeho telo sa radostne vznášalo nad tichou, studenou zemou, ktorá sa nikdy nepohla.

Spitz se mantuvo frío y astuto, incluso en sus momentos más salvajes.

Spitz zostal chladný a prefíkaný, dokonca aj v tých najdivokejších chvíľach.

Dejó el sendero y cruzó el terreno donde el arroyo se curvaba ampliamente.

Opustil chodník a prešiel cez pevninu, kde sa potok široko stáčal.

Buck, sin darse cuenta de esto, permaneció en el sinuoso camino del conejo.

Buck si toho nevedomý zostal na kľukatej cestičke králika.

Entonces, cuando Buck dobló una curva, el conejo fantasmal estaba frente a él.

Potom, keď Buck zabočil za zákrutu, pred ním sa objavil králik podobný duchu.

Vio una segunda figura saltar desde la orilla delante de la presa.

Videl druhú postavu, ako vyskočila z brehu pred korisť.

La figura era Spitz, aterrizando justo en el camino del conejo que huía.

Postavou bol Spitz, ktorý pristál priamo v ceste utekajúcemu králikovi.

El conejo no pudo girar y se encontró con las fauces de Spitz en el aire.

Králik sa nemohol otočiť a vo vzduchu sa stretol so Spitzovými čeľusťami.

La columna vertebral del conejo se rompió con un chillido tan agudo como el grito de un humano moribundo.

Králikovi sa zlomila chrbtica s výkrikom ostrým ako plač umierajúceho človeka.

Ante ese sonido, la caída de la vida a la muerte, la manada aulló fuerte.

Pri tom zvuku – páde zo života do smrti – svorka hlasno zavýjala.

Un coro salvaje se elevó detrás de Buck, lleno de oscuro deleite.

Spoza Bucka sa ozval divoký zbor plný temnej rozkoše.

Buck no emitió ningún grito ni sonido y se lanzó directamente hacia Spitz.

Buck nevykríkol, nevydal ani hlásku a vrhol sa priamo na Spitza.

Apuntó a la garganta, pero en lugar de eso golpeó el hombro.

Mieril na hrdlo, ale namiesto toho trafil rameno.

Cayeron sobre la nieve blanda; sus cuerpos trabados en combate.

Prepadali sa mäkkým snehom; ich telá sa zovreli v boji.

Spitz se levantó rápidamente, como si nunca lo hubieran derribado.

Spitz rýchlo vyskočil, akoby ho nikto nezrazil.

Cortó el hombro de Buck y luego saltó para alejarse de la pelea.

Sekol Bucka do ramena a potom odskočil z boja.

Sus dientes chasquearon dos veces como trampas de acero y sus labios se curvaron y fueron feroces.

Dvakrát mu cvakli zuby ako oceľové pasce, pery zovrel a zúrivo pôsobil.

Retrocedió lentamente, buscando terreno firme bajo sus pies.

Pomaly cúval a hľadal pevnú pôdu pod nohami.

Buck comprendió el momento instantánea y completamente.

Buck okamžite a úplne pochopil tú chvíľu.

Había llegado el momento; la lucha iba a ser una lucha a muerte.

Nastal čas; boj mal byť bojom na smrť.

Los dos perros daban vueltas, gruñendo, con las orejas planas y los ojos entrecerrados.

Dva psy krúžili okolo, vrčali, uši boli sploštené a oči zúžené.

Cada perro esperaba que el otro mostrara debilidad o un paso en falso.

Každý pes čakal, kým ten druhý prejaví slabosť alebo urobí chybný krok.

Para Buck, la escena era inquietantemente conocida y recordada profundamente.

Buckovi sa tá scéna zdala byť strašidelne známa a hlboko v nej zapamätaná.

El bosque blanco, la tierra fría, la batalla bajo la luz de la luna.

Biele lesy, studená zem, bitka pod mesačným svetlom.

Un pesado silencio llenó la tierra, profundo y antinatural.

Krajinu naplnilo ťažké ticho, hlboké a neprirodzené.

Ningún viento se agitó, ninguna hoja se movió, ningún sonido rompió la quietud.

Ani vietor sa nepohol, ani list sa nepohol, ani zvuk neprerušil ticho.

El aliento de los perros se elevaba como humo en el aire helado y silencioso.

Psí dych stúpal ako dym v zamrznutom, tichom vzduchu.

El conejo fue olvidado hace mucho tiempo por la manada de bestias salvajes.

Králik bol svorkou divých zvierat dávno zabudnutý.

Estos lobos medio domesticados ahora permanecían quietos formando un amplio círculo.

Tieto napoly skrotené vlky teraz stáli nehybne v širokom kruhu.

Estaban en silencio, sólo sus ojos brillantes revelaban su hambre.

Boli ticho, len ich žiariace oči prezrádzali ich hlad.

Su respiración se elevó mientras observaban cómo comenzaba la pelea final.

Zatajili dych a sledovali, ako sa začína záverečný boj.

Para Buck, esta batalla era vieja y esperada, nada extraña.

Pre Bucka bola táto bitka stará a očakávaná, vôbec nie zvláštna.

Parecía el recuerdo de algo que siempre estuvo destinado a suceder.

Cítila som sa ako spomienka na niečo, čo sa malo vždy stať.

Spitz era un perro de pelea entrenado, perfeccionado por innumerables peleas salvajes.

Špic bol vycvičený bojový pes, zdokonalený nespočetnými divokými bitkami.

Desde Spitzbergen hasta Canadá, había vencido a muchos enemigos.

Od Špicbergov až po Kanadu si zvládol mnohých nepriateľov.

Estaba lleno de furia, pero nunca dejó controlar la rabia.

Bol plný zúrivosti, ale nikdy sa nedal ovládať.

Su pasión era aguda, pero siempre templada por un duro instinto.

Jeho vášeň bola ostrá, ale vždy miernená tvrdým inštinktom.

Nunca atacó hasta que su propia defensa estuvo en su lugar.

Nikdy neútočil, kým si nebol pripravený na vlastnú obranu.

Buck intentó una y otra vez alcanzar el vulnerable cuello de Spitz.

Buck sa znova a znova pokúšal dosiahnuť na Spitzov zraniteľný krk.

Pero cada golpe era correspondido con un corte de los afilados dientes de Spitz.

Ale každý úder sa stretol s ranou Spitzových ostrých zubov.

Sus colmillos chocaron y ambos perros sangraron por los labios desgarrados.

Ich tesáky sa stretli a obom psom tiekla krv z roztrhnutých pier.

No importaba cuánto se lanzara Buck, no podía romper la defensa.

Bez ohľadu na to, ako Buck útočil, nedokázal prelomiť obranu.

Se puso más furioso y se abalanzó con salvajes ráfagas de poder.

Zúril čoraz viac a vrhal sa doň s divokými výbuchmi sily.

Una y otra vez, Buck atacó la garganta blanca de Spitz.

Buck znova a znova udieral Spitzovi po jeho bielom hrdle.

Cada vez que Spitz esquivaba el ataque, contraatacaba con un mordisco cortante.

Spitz sa zakaždým vyhol a udrel späť sekavým uhryznutím.

Entonces Buck cambió de táctica y se abalanzó nuevamente hacia la garganta.

Potom Buck zmenil taktiku a opäť sa vrhol, akoby mu šiel po krku.

Pero él retrocedió a mitad del ataque y se giró para atacar desde un costado.

Ale v polovici útoku sa stiahol a otočil sa, aby udrel zboku.

Le lanzó el hombro a Spitz con la intención de derribarlo.

Hodil rameno do Spitza s cieľom zraziť ho k zemi.

Cada vez que lo intentaba, Spitz lo esquivaba y contraatacaba con un corte.

Zakaždým, keď sa o to pokúsil, Spitz sa uhol a kontroval seknutím.

El hombro de Buck se enrojeció cuando Spitz saltó después de cada golpe.

Bucka bolelo rameno, keď Spitz po každom údere odskočil.

Spitz no había sido tocado, mientras que Buck sangraba por muchas heridas.

Spitza sa nikto nedotkol, zatiaľ čo Buck krvácal z mnohých rán.

La respiración de Buck era rápida y pesada y su cuerpo estaba cubierto de sangre.

Buck dychal rýchlo a ťažko, telo mal klzké od krvi.

La pelea se volvió más brutal con cada mordisco y embestida.

Boj sa s každým uhryznutím a útokom stával brutálnejším.

A su alrededor, sesenta perros silenciosos esperaban que cayera el primero.

Okolo nich čakalo šesťdesiat tichých psov, kým padnú prví.

Si un perro caía, la manada terminaría la pelea.

Ak by jeden pes spadol, svorka by dokončila boj.

Spitz vio que Buck se estaba debilitando y comenzó a presionar para atacar.

Spitz videl, ako Buck slabne, a začal tlačiť do útoku.

Mantuvo a Buck fuera de equilibrio, obligándolo a luchar para mantener el equilibrio.

Zrazil Bucka na zem a prinútil ho bojovať o pevnú pôdu pod nohami.

Una vez Buck tropezó y cayó, y todos los perros se levantaron.

Raz sa Buck potkol a spadol a všetky psy vstali.

Pero Buck se enderezó a mitad de la caída y todos volvieron a caer.

Ale Buck sa v polovici pádu narovnal a všetci klesli späť na zem.

Buck tenía algo poco común: una imaginación nacida de un instinto profundo.

Buck mal niečo vzácne – predstavivosť zrodenú z hlbokého inštinktu.

Peleó con impulso natural, pero también peleó con astucia.

Bojoval s prirodzeným zápalom, ale bojoval aj s prefíkanosťou.

Cargó de nuevo como si repitiera su truco de ataque con el hombro.

Znova zaútočil, akoby opakoval svoj trik s útokom ramenom.

Pero en el último segundo, se agachó y pasó por debajo de Spitz.

Ale v poslednej sekunde sa zniesol nízko a prehnal sa popod Spitza.

Sus dientes se clavaron en la pata delantera izquierda de Spitz con un chasquido.

Jeho zuby s cvaknutím zahryzli do Spitzovej prednej ľavej nohy.

Spitz ahora estaba inestable, con su peso sobre sólo tres patas.

Spitz teraz stál neisto, opieral sa iba o tri nohy.

Buck atacó de nuevo e intentó derribarlo tres veces.

Buck udrel znova a trikrát sa ho pokúsil zraziť k zemi.

En el cuarto intento utilizó el mismo movimiento con éxito.

Na štvrtý pokus úspešne použil rovnaký pohyb.

Esta vez Buck logró morder la pata derecha de Spitz.

Tentoraz sa Buckovi podarilo uhryznúť Spitzovi pravú nohu.

Spitz, aunque lisiado y en agonía, siguió luchando por sobrevivir.

Spitz, hoci bol zmrzačený a v agónii, stále bojoval o prežitie.

Vio que el círculo de huskies se estrechaba, con las lenguas afuera y los ojos brillantes.

Videl, ako sa kruh huskyov zužuje, vyplazené jazyky a žiariace oči.

Esperaron para devorarlo, tal como habían hecho con los otros.

Čakali, kým ho zožerú, rovnako ako to urobili s ostatnými.

Esta vez, él estaba en el centro; derrotado y condenado.

Tentoraz stál v strede; porazený a odsúdený na zánik.

Ya no había opción de escapar para el perro blanco.

Biely pes teraz nemal inú možnosť utiecť.

Buck no mostró piedad, porque la piedad no pertenecía a la naturaleza.

Buck neprejavil žiadne zľutovanie, pretože zľutovanie do divočiny nepatrilo.

Buck se movió con cuidado, preparándose para la carga final.

Buck sa pohyboval opatrne a pripravoval sa na záverečný útok.

El círculo de perros esquimales se cerró; sintió sus respiraciones cálidas.

Kruh huskyov sa zúžil; cítil ich teplý dych.

Se agacharon, preparados para saltar cuando llegara el momento.

Prikrčili sa, pripravení skočiť, keď príde tá chvíľa.

Spitz temblaba en la nieve, gruñendo y cambiando su postura.

Spitz sa triasol v snehu, vrčal a menil postoj.

Sus ojos brillaban, sus labios se curvaron y sus dientes brillaron en una amenaza desesperada.

Jeho oči žiarili, pery boli skrútené a zuby sa blýskali zúfalou hrozbou.

Se tambaleó, todavía intentando contener el frío mordisco de la muerte.

Potácal sa a stále sa snažil odolať chladnému uhryznutiu smrti.

Ya había visto esto antes, pero siempre desde el lado ganador.

Už to videl predtým, ale vždy z víťaznej strany.

Ahora estaba en el bando perdedor; el derrotado; la presa; la muerte.

Teraz bol na strane porazených; porazených; koristi; smrti.

Buck voló en círculos para asestar el golpe final, mientras el círculo de perros se acercaba cada vez más.

Buck krúžil pre posledný úder, kruh psov sa pritlačil bližšie.

Podía sentir sus respiraciones calientes; listas para matar.

Cítil ich horúce dychy; pripravení zabiť.

Se hizo un silencio absoluto, todo estaba en su lugar, el tiempo se había detenido.

Nastalo ticho; všetko bolo na svojom mieste; čas sa zastavil.

Incluso el aire frío entre ellos se congeló por un último momento.

Dokonca aj studený vzduch medzi nimi na poslednú chvíľu zamrzol.

Sólo Spitz se movió, intentando contener su amargo final.

Iba Spitz sa pohol a snažil sa oddialiť svoj trpký koniec.

El círculo de perros se iba cerrando a su alrededor, tal como era su destino.

Kruh psov sa okolo neho zužoval, rovnako ako jeho osud.

Ahora estaba desesperado, sabiendo lo que estaba a punto de suceder.

Teraz bol zúfalý, vedel, čo sa stane.

Buck saltó y hombro con hombro chocó una última vez.

Buck vskočil a naposledy sa stretol s plecami.

Los perros se lanzaron hacia adelante, cubriendo a Spitz en la oscuridad nevada.

Psy sa vrhli dopredu a prikryli Spitza v zasneženej tme.

Buck observaba, erguido, vencedor en un mundo salvaje.

Buck sledoval, stojac vzpriamene; víťaz v divokom svete.

La bestia primordial dominante había cometido su asesinato, y fue bueno.

Dominantná prvotná beštia dosiahla svoju korisť a bolo to dobré.

Aquel que ha alcanzado la maestría
Ten, kto dosiahol majstrovstvo

¿Eh? ¿Qué dije? Digo la verdad cuando digo que Buck es un demonio.
„Eh? Čo som povedal? Hovorím pravdu, keď hovorím, že Buck je diabol."
François dijo esto a la mañana siguiente después de descubrir que Spitz había desaparecido.
François to povedal nasledujúce ráno po tom, čo našiel Spitza nezvestného.
Buck permaneció allí, cubierto de heridas por la feroz pelea.
Buck tam stál, pokrytý ranami z prudkého boja.
François acercó a Buck al fuego y señaló las heridas.
François pritiahol Bucka k ohňu a ukázal na zranenia.
"Ese Spitz peleó como Devik", dijo Perrault, mirando los profundos cortes.
„Ten Spitz bojoval ako Devik," povedal Perrault a pozrel sa na hlboké rany.
—Y ese Buck peleó como dos demonios —respondió François inmediatamente.
„A ten Buck sa bil ako dvaja diabli," odpovedal François hneď.
"Ahora iremos a buen ritmo; no más Spitz, no más problemas".
„Teraz to zvládneme dobre; žiadny ďalší Spitz, žiadne ďalšie problémy."
Perrault estaba empacando el equipo y cargando el trineo con cuidado.
Perrault balil výstroj a opatrne nakladal sane.
François enjaezó a los perros para prepararlos para la carrera del día.
François zapútal psy a pripravil ich na denný beh.
Buck trotó directamente a la posición de liderazgo que alguna vez ocupó Spitz.
Buck klusal rovno na vedúcu pozíciu, ktorú predtým držal Spitz.

Pero François, sin darse cuenta, condujo a Solleks hacia el frente.

Ale François si to nevšimol a viedol Solleksa dopredu.

A juicio de François, Solleks era ahora el mejor perro guía.

Podľa Françoisovho úsudku bol Solleks teraz najlepším vodiacim psom.

Buck se abalanzó furioso sobre Solleks y lo hizo retroceder en protesta.

Buck sa zúrivo vrhol na Solleksa a na protest ho zatlačil dozadu.

Se situó en el mismo lugar que una vez estuvo Spitz, ocupando la posición de liderazgo.

Stál tam, kde kedysi stál Spitz, a nárokoval si vedúcu pozíciu.

—¿Eh? ¿Eh? —gritó François, dándose palmadas en los muslos, divertido.

„Čože? Čože?" zvolal François a pobavene sa pleskol po stehnách.

—Mira a Buck. Mató a Spitz y ahora quiere aceptar el trabajo.

„Pozri sa na Bucka – zabil Spitza a teraz chce prevziať aj jeho prácu!"

—¡Vete, Chook! —gritó, intentando ahuyentar a Buck.

„Choď preč, Chook!" zakričal a snažil sa odohnať Bucka.

Pero Buck se negó a moverse y se mantuvo firme en la nieve.

Ale Buck sa odmietol pohnúť a pevne stál v snehu.

François agarró a Buck por la nuca y lo arrastró a un lado.

François chytil Bucka za zátylok a odtiahol ho nabok.

Buck gruñó bajo y amenazante, pero no atacó.

Buck zavrčal potichu a hrozivo, ale nezaútočil.

François puso a Solleks de nuevo en cabeza, intentando resolver la disputa.

François dostal Solleks späť do vedenia a snažil sa urovnať spor.

El perro viejo mostró miedo de Buck y no quería quedarse.

Starý pes prejavoval strach z Bucka a nechcel zostať.

Cuando François le dio la espalda, Buck expulsó nuevamente a Solleks.

Keď sa François otočil chrbtom, Buck Solleksa opäť vyhnal.

Solleks no se resistió y se hizo a un lado silenciosamente una vez más.

Solleks sa nebránil a opäť potichu odstúpil nabok.

François se enojó y gritó: "¡Por Dios, te arreglo!"

François sa nahneval a zakričal: „Preboha, ja ťa vyriešim!"

Se acercó a Buck sosteniendo un pesado garrote en su mano.

Prišiel k Buckovi a v ruke držal ťažký kyj.

Buck recordaba bien al hombre del suéter rojo.

Buck si dobre pamätal muža v červenom svetri.

Se retiró lentamente, observando a François, pero gruñendo profundamente.

Pomaly ustupoval, sledoval Françoisa, no hlboko vrčal.

No se apresuró a regresar, incluso cuando Solleks ocupó su lugar.

Neponáhľal sa späť, ani keď Solleks stál na jeho mieste.

Buck voló en círculos fuera de su alcance, gruñendo con furia y protesta.

Buck krúžil tesne za ich dosahom, vrčal od zúrivosti a protestu.

Mantuvo la vista fija en el palo, dispuesto a esquivarlo si François lanzaba.

Neprestával hľadieť na palicu, pripravený uhnúť, ak by François hodil.

Se había vuelto sabio y cauteloso en cuanto a las costumbres de los hombres con armas.

Stal sa múdrym a opatrným, čo sa týka spôsobov mužov so zbraňami.

François se dio por vencido y llamó a Buck nuevamente a su antiguo lugar.

François to vzdal a znova zavolal Bucka na svoje predchádzajúce miesto.

Pero Buck retrocedió con cautela, negándose a obedecer la orden.

Buck však opatrne ustúpil a odmietol poslúchnuť rozkaz.

François lo siguió, pero Buck sólo retrocedió unos pasos más.

François ho nasledoval, ale Buck ustúpil len o pár krokov.

Después de un tiempo, François arrojó el arma al suelo, frustrado.

Po nejakom čase François v frustrácii odhodil zbraň.

Pensó que Buck tenía miedo de que le dieran una paliza y que iba a venir sin hacer mucho ruido.

Myslel si, že Buck sa bojí bitky a príde potichu.

Pero Buck no estaba evitando el castigo: estaba luchando por su rango.

Buck sa však trestu nevyhýbal – bojoval o hodnosť.

Se había ganado el puesto de perro líder mediante una pelea a muerte.

Miesto vodiaceho psa si vyslúžil bojom na smrť.

No iba a conformarse con nada menos que ser el líder.

Neuspokojil sa s ničím menším, než byť vodcom.

Perrault participó en la persecución para ayudar a atrapar al rebelde Buck.

Perrault sa zapojil do naháňačky, aby pomohol chytiť vzpurného Bucka.

Juntos lo hicieron correr alrededor del campamento durante casi una hora.

Spoločne ho takmer hodinu vozili po tábore.

Le lanzaron garrotes, pero Buck los esquivó hábilmente.

Hádzali po ňom palice, ale Buck sa každej z nich šikovne vyhol.

Lo maldijeron a él, a sus padres, a sus descendientes y a cada cabello que tenía.

Prekliali jeho, jeho predkov, jeho potomkov a každý vlas na ňom.

Pero Buck sólo gruñó y se quedó fuera de su alcance.

Ale Buck iba zavrčal a zostal tesne mimo ich dosahu.

Nunca intentó huir, sino que rodeó el campamento deliberadamente.

Nikdy sa nepokúsil utiecť, ale zámerne krúžil okolo tábora.

Dejó claro que obedecería una vez que le dieran lo que quería.

Dal jasne najavo, že ich poslúchne, hneď ako mu dajú, čo chce.

François finalmente se sentó y se rascó la cabeza con frustración.

François si nakoniec sadol a frustrovane sa poškrabal na hlave.

Perrault miró su reloj, maldijo y murmuró algo sobre el tiempo perdido.

Perrault pozrel na hodinky, zanadával a mrmlal o stratenom čase.

Ya había pasado una hora cuando debían estar en el sendero.

Už uplynula hodina, keď mali byť na chodníku.

François se encogió de hombros tímidamente y miró al mensajero, quien suspiró derrotado.

François hanblivo pokrčil plecami na kuriéra, ktorý si porazene vzdychol.

Entonces François se acercó a Solleks y llamó a Buck una vez más.

Potom François prešiel k Solleksovi a ešte raz zavolal na Bucka.

Buck se rió como se ríe un perro, pero mantuvo una distancia cautelosa.

Buck sa zasmial ako pes, ale držal si opatrný odstup.

François le quitó el arnés a Solleks y lo devolvió a su lugar.

François odstránil Solleksovi postroj a vrátil ho na jeho miesto.

El equipo de trineo estaba completamente arneses y solo había un lugar libre.

Záprahový tím stál plne zapriahnutý, pričom len jedno miesto bolo voľné.

La posición de liderazgo quedó vacía, claramente destinada solo para Buck.

Vedúca pozícia zostala prázdna, jednoznačne určená len pre Bucka.

François volvió a llamar, y nuevamente Buck rió y se mantuvo firme.

François zavolal znova a Buck sa opäť zasmial a stál na svojom.

—Tira el garrote —ordenó Perrault sin dudarlo.

„Zhoďte palicu," prikázal Perrault bez váhania.

François obedeció y Buck inmediatamente trotó hacia adelante orgulloso.

François poslúchol a Buck okamžite hrdo vyklusal vpred.

Se rió triunfante y asumió la posición de líder.

Víťazosmiešne sa zasmial a zaujal vedúcu pozíciu.

François aseguró sus correajes y el trineo se soltó.

François si zaistil stopy a sane sa uvoľnili.

Ambos hombres corrieron al lado del equipo mientras corrían hacia el sendero del río.

Obaja muži bežali vedľa nich, keď sa tím uháňal po chodníku popri rieke.

François tenía en alta estima a los "dos demonios" de Buck.

François si Buckových „dvoch diablov" veľmi vážil.

Pero pronto se dio cuenta de que en realidad había subestimado al perro.

ale čoskoro si uvedomil, že psa v skutočnosti podcenil.

Buck asumió rápidamente el liderazgo y trabajó con excelencia.

Buck sa rýchlo ujal vedenia a podával vynikajúce výkony.

En juicio, pensamiento rápido y acción veloz, Buck superó a Spitz.

V úsudku, rýchlom myslení a rýchlej akcii Buck prekonal Spitza.

François nunca había visto un perro igual al que Buck mostraba ahora.

François ešte nikdy nevidel psa, aký teraz predvádzal Buck.

Pero Buck realmente sobresalía en imponer el orden e imponer respeto.

Buck však skutočne vynikal v presadzovaní poriadku a vzbudzovaní rešpektu.

Dave y Solleks aceptaron el cambio sin preocupación ni protesta.

Dave a Solleks prijali zmenu bez obáv alebo protestov.

Se concentraron únicamente en el trabajo y en tirar con fuerza de las riendas.

Sústredili sa len na prácu a tvrdo ťahali za opraty.

A ellos les importaba poco quién iba delante, siempre y cuando el trineo siguiera moviéndose.

Vôbec im nezáležalo na tom, kto vedie, hlavné bolo, aby sa sane stále hýbali.

Billee, la alegre, podría haber liderado todo lo que a ellos les importaba.

Billee, tá veselá, mohla viesť, keby im išlo o všetko.

Lo que les importaba era la paz y el orden en las filas.

Záležalo im na pokoji a poriadku v radoch.

El resto del equipo se había vuelto rebelde durante la decadencia de Spitz.

Zvyšok tímu sa počas Spitzovho úpadku stal neposlušným.

Se sorprendieron cuando Buck inmediatamente los puso en orden.

Boli šokovaní, keď ich Buck okamžite uviedol do poriadku.

Pike siempre había sido perezoso y arrastraba los pies detrás de Buck.

Pike bol vždy lenivý a vliekol nohy za Buckom.

Pero ahora el nuevo liderazgo lo ha disciplinado severamente.

Ale teraz ho nové vedenie prísne potrestalo.

Y rápidamente aprendió a aportar su granito de arena en el equipo.

A rýchlo sa naučil presadzovať svoju vôľu v tíme.

Al final del día, Pike trabajó más duro que nunca.

Na konci dňa Pike pracoval tvrdšie ako kedykoľvek predtým.

Esa noche en el campamento, Joe, el perro amargado, finalmente fue sometido.

Tú noc v tábore bol Joe, kyslý pes, konečne skrotený.

Spitz no logró disciplinarlo, pero Buck no falló.

Spitz ho nepotrestal, ale Buck nezlyhal.

Utilizando su mayor peso, Buck superó a Joe en segundos.

Buck využil svoju väčšiu váhu a v priebehu niekoľkých sekúnd Joea premohol.

Mordió y golpeó a Joe hasta que gimió y dejó de resistirse.

Hryzol a bil Joea, až kým nezakňučal a neprestal klásť odpor.

Todo el equipo mejoró a partir de ese momento.
Od tej chvíle sa celý tím zlepšil.
Los perros recuperaron su antigua unidad y disciplina.
Psy znovu nadobudli svoju starú jednotu a disciplínu.
En Rink Rapids, se unieron dos nuevos huskies nativos, Teek y Koona.
V Rink Rapids sa pridali dvaja noví pôvodní huskyji, Teek a Koona.
El rápido entrenamiento que Buck les dio sorprendió incluso a François.
Buckov rýchly výcvik ohromil dokonca aj Françoisa.
"¡Nunca hubo un perro como ese Buck!" gritó con asombro.
„Nikdy nebol taký pes ako ten Buck!" zvolal v úžase.
¡No, jamás! ¡Vale mil dólares, por Dios!
„Nie, nikdy! Preboha, veď má hodnotu tisíc dolárov!"
—¿Eh? ¿Qué dices, Perrault? —preguntó con orgullo.
„Hm? Čo povieš, Perrault?" spýtal sa s hrdosťou.
Perrault asintió en señal de acuerdo y revisó sus notas.
Perrault súhlasne prikývol a skontroloval si poznámky.
Ya vamos por delante del cronograma y ganamos más cada día.
Už teraz predbiehame plán a každý deň získavame viac.
El sendero estaba duro y liso, sin nieve fresca.
Chodník bol udupaný a hladký, bez čerstvého snehu.
El frío era constante, rondando los cincuenta grados bajo cero durante todo el tiempo.
Chlad bol stály, pohyboval sa celou dobu na úrovni päťdesiat stupňov pod nulou.
Los hombres cabalgaban y corrían por turnos para entrar en calor y ganar tiempo.
Muži jazdili a bežali striedavo, aby sa zahriali a našli si čas.
Los perros corrían rápido, con pocas paradas y siempre avanzando.
Psy bežali rýchlo s niekoľkými zastávkami a stále sa tlačili dopredu.
El río Thirty Mile estaba casi congelado y era fácil cruzarlo.

Rieka Tridsaťmíľa bola väčšinou zamrznutá a ľahko sa cez ňu prechádzalo.

Salieron en un día lo que habían tardado diez días en llegar.

Odišli za jeden deň, čo im trvalo desať dní.

Hicieron una carrera de sesenta millas desde el lago Le Barge hasta White Horse.

Prešli šesťdesiat míľ od jazera Le Barge k Bielemu koni.

A través de los lagos Marsh, Tagish y Bennett se movieron increíblemente rápido.

Cez jazerá Marsh, Tagish a Bennett sa pohybovali neuveriteľne rýchlo.

El hombre corriendo remolcado detrás del trineo por una cuerda.

Bežec ťahal za saňami na lane.

En la última noche de la segunda semana llegaron a su destino.

Poslednú noc druhého týždňa dorazili do cieľa.

Habían llegado juntos a la cima del Paso Blanco.

Spoločne dosiahli vrchol Bieleho priesmyku.

Descendieron al nivel del mar con las luces de Skaguay debajo de ellos.

Klesli na hladinu mora so svetlami Skaguay pod sebou.

Había sido una carrera que estableció un récord a través de kilómetros de desierto frío.

Bol to rekordný beh cez kilometre studenej divočiny.

Durante catorce días seguidos, recorrieron un promedio de cuarenta millas.

Štrnásť dní vkuse najazdili v priemere silných štyridsať míľ.

En Skaguay, Perrault y François transportaban mercancías por la ciudad.

V Skaguay Perrault a François prepravovali náklad cez mesto.

Fueron aplaudidos y la multitud admirada les ofreció muchas bebidas.

Obdivujúce davy ich povzbudzovali a ponúkali im veľa nápojov.

Los cazadores de perros y los trabajadores se reunieron alrededor del famoso equipo de perros.

Lovci psov a pracovníci sa zhromaždili okolo slávneho psieho záprahu.

Luego, los forajidos del oeste llegaron a la ciudad y sufrieron una derrota violenta.

Potom do mesta prišli západní zločinci a utrpeli krutú porážku.

La gente pronto se olvidó del equipo y se centró en un nuevo drama.

Ľudia čoskoro zabudli na tím a sústredili sa na novú drámu.

Luego vinieron las nuevas órdenes que cambiaron todo de golpe.

Potom prišli nové rozkazy, ktoré všetko naraz zmenili.

François llamó a Buck y lo abrazó con orgullo entre lágrimas.

François zavolal Bucka k sebe a s plačlivou hrdosťou ho objal.

Ese momento fue la última vez que Buck volvió a ver a François.

V tej chvíli Buck naposledy videl Françoisa.

Como muchos hombres antes, tanto François como Perrault se habían ido.

Ako mnoho mužov predtým, aj François aj Perrault boli preč.

Un mestizo escocés se hizo cargo de Buck y sus compañeros de equipo de perros de trineo.

Škótsky kríženec sa ujal velenia Bucka a jeho kolegov zo záprahových psov.

Con una docena de otros equipos de perros, regresaron por el sendero hasta Dawson.

S tuctom ďalších psích záprahov sa vrátili po chodníku do Dawsonu.

Ya no era una carrera rápida, solo un trabajo duro con una carga pesada cada día.

Teraz to nebol žiadny rýchly beh – len ťažká drina s ťažkým nákladom každý deň.

Éste era el tren correo que llevaba noticias a los buscadores de oro cerca del Polo.

Toto bol poštový vlak, ktorý prinášal správy lovcom zlata blízko pólu.

A Buck no le gustaba el trabajo, pero lo soportaba bien y se enorgullecía de su esfuerzo.

Buck túto prácu nemal rád, ale znášal ju dobre a bol na svoju námahu hrdý.

Al igual que Dave y Solleks, Buck mostró devoción por cada tarea diaria.

Rovnako ako Dave a Solleks, aj Buck prejavoval oddanosť každej každodennej úlohe.

Se aseguró de que cada uno de sus compañeros hiciera su parte.

Uistil sa, že každý z jeho spoluhráčov podal spravodlivú prácu.

La vida en el sendero se volvió aburrida, repetida con la precisión de una máquina.

Život na cestách sa stal nudným, opakujúcim sa s presnosťou stroja.

Cada día parecía igual, una mañana se fundía con la siguiente.

Každý deň sa cítil rovnako, jedno ráno sa prelínalo s ďalším.

A la misma hora, los cocineros se levantaron para hacer fogatas y preparar la comida.

V tú istú hodinu vstali kuchári, aby založili oheň a pripravili jedlo.

Después del desayuno, algunos abandonaron el campamento mientras otros enjaezaron los perros.

Po raňajkách niektorí opustili tábor, zatiaľ čo iní zapriahli psy.

Se pusieron en marcha antes de que la tenue señal del amanecer tocara el cielo.

Vyrazili na chodník skôr, ako sa oblohy dotklo slabé varovanie pred úsvitom.

Por la noche se detenían para acampar, cada hombre con una tarea determinada.

V noci sa zastavili, aby si postavili tábor, každý muž mal stanovenú povinnosť.

Algunos montaron tiendas de campaña, otros cortaron leña y recogieron ramas de pino.

Niektorí postavili stany, iní rúbali drevo na kúrenie a zbierali borovicové konáre.

Se llevaba agua o hielo a los cocineros para la cena.

Na večeru sa kuchárom nosila voda alebo ľad.

Los perros fueron alimentados y esta fue la mejor parte del día para ellos.

Psy boli kŕmené a toto bola pre nich najlepšia časť dňa.

Después de comer pescado, los perros se relajaron y descansaron cerca del fuego.

Po zjedení rýb si psy oddýchli a leňošili pri ohni.

Había otros cien perros en el convoy con los que mezclarse.

V konvoji bolo sto ďalších psov, s ktorými sa dalo stretnúť.

Muchos de esos perros eran feroces y rápidos para pelear sin previo aviso.

Mnohé z týchto psov boli divoké a rýchlo sa pustili do boja bez varovania.

Pero después de tres victorias, Buck dominó incluso a los luchadores más feroces.

Ale po troch víťazstvách Buck zvládol aj tých najzúrivejších bojovníkov.

Cuando Buck gruñó y mostró los dientes, se hicieron a un lado.

Keď Buck zavrčal a ukázal zuby, ustúpili nabok.

Quizás lo mejor de todo es que a Buck le encantaba tumbarse cerca de la fogata parpadeante.

Azda najviac zo všetkého Buck miloval ležať pri mihotavom táboráku.

Se agachó con las patas traseras dobladas y las patas delanteras estiradas hacia adelante.

Drepol si so zastrčenými zadnými nohami a prednými natiahnutými dopredu.

Levantó la cabeza mientras parpadeaba suavemente ante las llamas brillantes.

Zdvihol hlavu a jemne žmurkol na žiariace plamene.

A veces recordaba la gran casa del juez Miller en Santa Clara.

Niekedy si spomínal na veľký dom sudcu Millera v Santa Clare.

Pensó en la piscina de cemento, en Ysabel y en el pug llamado Toots.

Myslel na cementový bazén, na Ysabel a mopsa menom Toots.

Pero más a menudo recordaba el garrote del hombre del suéter rojo.

Ale častejšie si spomínal na muža s červenou svetrovou palicou.

Recordó la muerte de Curly y su feroz batalla con Spitz.

Spomenul si na Kučeraváho smrť a jeho prudký boj so Spitzom.

También recordó la buena comida que había comido o con la que aún soñaba.

Spomínal si aj na dobré jedlo, ktoré jedol alebo o ktorom stále sníval.

Buck no sentía nostalgia: el cálido valle era distante e irreal.

Buckovi sa netúžilo po domove – teplé údolie bolo vzdialené a neskutočné.

Los recuerdos de California ya no ejercían ninguna atracción sobre él.

Spomienky na Kaliforniu ho už nijako nijako nijako nepriťahovali.

Más fuertes que la memoria eran los instintos profundos en su linaje.

Silnejšie než pamäť boli inštinkty hlboko v jeho krvnej línii.

Los hábitos que una vez se habían perdido habían regresado, revividos por el camino y la naturaleza.

Zvyky, ktoré kedysi stratili, sa vrátili, oživené chodníkom a divočinou.

Mientras Buck observaba la luz del fuego, a veces se convertía en otra cosa.

Keď Buck sledoval svetlo ohňa, občas sa to stalo niečím iným.

Vio a la luz del fuego otro fuego, más antiguo y más profundo que el actual.

V svetle ohňa uvidel iný oheň, starší a hlbší ako ten súčasný.

Junto a ese otro fuego se agazapaba un hombre que no se parecía en nada al cocinero mestizo.

Vedľa toho druhého ohňa sa krčil muž, na rozdiel od miešanca kuchára.

Esta figura tenía piernas cortas, brazos largos y músculos duros y anudados.

Táto postava mala krátke nohy, dlhé ruky a pevné, zauzlené svaly.

Su cabello era largo y enmarañado, y caía hacia atrás desde los ojos.

Jeho vlasy boli dlhé a zacuchané, padajúce dozadu od očí.

Hizo ruidos extraños y miró con miedo hacia la oscuridad.

Vydával zvláštne zvuky a vystrašene hľadel do tmy.

Sostenía agachado un garrote de piedra, firmemente agarrado con su mano larga y áspera.

V dlhej drsnej ruke pevne zvieral kamennú palicu nízko.

El hombre vestía poco: sólo una piel carbonizada que le colgaba por la espalda.

Muž mal na sebe málo oblečenia; len spálenú kožu, ktorá mu visela po chrbte.

Su cuerpo estaba cubierto de espeso vello en los brazos, el pecho y los muslos.

Jeho telo bolo pokryté hustými chlpmi na rukách, hrudi a stehnách.

Algunas partes del cabello estaban enredadas en parches de pelaje áspero.

Niektoré časti vlasov boli zamotané do chumáčov drsnej kožušiny.

No se mantenía erguido, sino inclinado hacia delante desde las caderas hasta las rodillas.

Nestál rovno, ale predklonil sa od bedier po kolená.

Sus pasos eran elásticos y felinos, como si estuviera siempre dispuesto a saltar.

Jeho kroky boli pružné a mačacie, akoby vždy pripravený skočiť.

Había un estado de alerta agudo, como si viviera con miedo constante.

Bola v ňom prudká ostražitosť, akoby žil v neustálom strachu.

Este hombre anciano parecía esperar el peligro, ya sea que lo viera o no.

Zdá sa, že tento starý muž očakával nebezpečenstvo, či už ho videl alebo nie.

A veces, el hombre peludo dormía junto al fuego, con la cabeza metida entre las piernas.

Chlpatý muž občas spal pri ohni s hlavou schovanou medzi nohami.

Sus codos descansaban sobre sus rodillas, sus manos entrelazadas sobre su cabeza.

Lakte mal opreté o kolená, ruky zopnuté nad hlavou.

Como un perro, usó sus brazos peludos para protegerse de la lluvia que caía.

Ako pes používal svoje chlpaté ruky, aby zbavil padajúceho dažďa.

Más allá de la luz del fuego, Buck vio dos brasas brillando en la oscuridad.

Za svetlom ohňa Buck uvidel v tme dva uhlíky žeravé.

Siempre de dos en dos, eran los ojos de las bestias rapaces al acecho.

Vždy dvaja po dvoch, boli očami číhajúcich dravých zvierat.

Escuchó cuerpos chocando contra la maleza y ruidos en la noche.

Počul telá padajúce cez kríky a zvuky vydávané v noci.

Acostado en la orilla del Yukón, parpadeando, Buck soñaba junto al fuego.

Buck ležal na brehu Yukonu a žmurkal, snível pri ohni.

Las vistas y los sonidos de ese mundo salvaje le ponían los pelos de punta.

Z pohľadu a zvukov toho divokého sveta mu vstávali vlasy na hlave.

El pelaje se le subió por la espalda, los hombros y el cuello.

Srsť sa mu ježila po chrbte, ramenách a krku.

Él gimió suavemente o emitió un gruñido bajo y profundo en su pecho.

Jemne kňučal alebo hlboko v hrudi potichu zavrčal.

Entonces el cocinero mestizo gritó: "¡Oye, Buck, despierta!"

Potom miešanec kuchár zakričal: „Hej, ty Buck, zobuď sa!"

El mundo de los sueños desapareció y la vida real regresó a los ojos de Buck.

Svet snov zmizol a Buckovi sa do očí vrátil skutočný život.

Iba a levantarse, estirarse y bostezar, como si acabara de despertar de una siesta.

Chcel vstať, natiahnuť sa a zívnuť, akoby sa prebudil zo spánku.

El viaje fue duro, con el trineo del correo arrastrándose detrás de ellos.

Cesta bola namáhavá, poštové sane sa ťahali za nimi.

Las cargas pesadas y el trabajo duro agotaban a los perros cada largo día.

Ťažké bremená a namáhavá práca vyčerpávali psy každý dlhý deň.

Llegaron a Dawson delgados, cansados y necesitando más de una semana de descanso.

Do Dawsonu dorazili vychudnutí, unavení a potrebovali viac ako týždeň odpočinku.

Pero sólo dos días después, emprendieron nuevamente el descenso por el Yukón.

Ale len o dva dni neskôr sa opäť vydali na cestu po Yukone.

Estaban cargados con más cartas destinadas al mundo exterior.

Boli naložené ďalšími listami smerujúcimi do vonkajšieho sveta.

Los perros estaban exhaustos y los hombres se quejaban constantemente.

Psy boli vyčerpané a muži sa neustále sťažovali.

La nieve caía todos los días, suavizando el camino y ralentizando los trineos.

Sneh padal každý deň, zmäkčoval chodník a spomaľoval sane.

Esto provocó que el tirón fuera más difícil y hubo más resistencia para los corredores.

To spôsobilo tvrdšie ťahanie a väčší odpor bežcov.

A pesar de eso, los pilotos fueron justos y se preocuparon por sus equipos.

Napriek tomu boli jazdci féroví a starali sa o svoje tímy.

Cada noche, los perros eran alimentados antes de que los hombres pudieran comer.

Každý večer boli psy kŕmené skôr, ako sa muži pustili do jedla.

Ningún hombre duerme sin antes revisar las patas de su propio perro.

Žiaden človek nespal predtým, ako skontroloval nohy vlastného psa.

Aún así, los perros se fueron debilitando a medida que los kilómetros iban desgastando sus cuerpos.

Psy však s ubehnutými kilometrami slabli.

Habían viajado mil ochocientas millas durante el invierno.

Cez zimu precestovali osemsto míľ.

Tiraron de trineos a lo largo de cada milla de esa brutal distancia.

Cez každú míľu tejto brutálnej vzdialenosti ťahali sane.

Incluso los perros de trineo más resistentes sienten tensión después de tantos kilómetros.

Aj tie najtvrdšie ťažné psy pociťujú po toľkých kilometroch namáhanie.

Buck aguantó, mantuvo a su equipo trabajando y mantuvo la disciplina.

Buck vytrval, udržiaval svoj tím v chode a disciplínu.

Pero Buck estaba cansado, al igual que los demás en el largo viaje.

Ale Buck bol unavený, rovnako ako ostatní na dlhej ceste.

Billee gemía y lloraba mientras dormía todas las noches sin falta.

Billee každú noc bez výčitiek kňučal a plakal v spánku.

Joe se volvió aún más amargado y Solleks se mantuvo frío y distante.

Joe ešte viac zatrpkol a Solleks zostal chladný a odmeraný.

Pero fue Dave quien sufrió más de todo el equipo.

Ale najhoršie to z celého tímu utrpel Dave.

Algo había ido mal dentro de él, aunque nadie sabía qué.
Niečo sa v ňom pokazilo, hoci nikto nevedel čo.
Se volvió más malhumorado y les gritaba a los demás con creciente enojo.
Stal sa mrzutejším a s rastúcim hnevom na ostatných vystreľoval.
Cada noche iba directo a su nido, esperando ser alimentado.
Každú noc išiel rovno do svojho hniezda a čakal na kŕmenie.
Una vez que cayó, Dave no se levantó hasta la mañana.
Keď už bol dole, Dave sa nezobral až do rána.
En las riendas, tirones o arranques repentinos le hacían gritar de dolor.
Náhle trhnutia alebo trhnutia na opratách ho prinútili vykríknuť od bolesti.
Su conductor buscó la causa, pero no encontró heridos.
Jeho vodič pátral po príčine, ale nenašiel u neho žiadne zranenie.
Todos los conductores comenzaron a observar a Dave y discutieron su caso.
Všetci vodiči začali Davea sledovať a diskutovať o jeho prípade.
Hablaron durante las comidas y durante el último cigarrillo del día.
Rozprávali sa pri jedle a počas poslednej cigarety dňa.
Una noche tuvieron una reunión y llevaron a Dave al fuego.
Jednej noci usporiadali stretnutie a priviedli Davea k ohňu.
Le apretaron y le palparon el cuerpo, y él gritaba a menudo.
Tlačili a skúmali jeho telo a on často kričal.
Estaba claro que algo iba mal, aunque no parecía haber ningún hueso roto.
Bolo jasné, že niečo nie je v poriadku, hoci sa zdalo, že žiadne kosti nie sú zlomené.
Cuando llegaron a Cassiar Bar, Dave se estaba cayendo.
Keď dorazili do Cassiar Baru, Dave už padal.
El mestizo escocés pidió un alto y eliminó a Dave del equipo.
Škótsky kríženec zastavil tím a vylúčil Davea z tímu.

Sujetó a Solleks en el lugar de Dave, más cerca del frente del trineo.

Pripevnil Solleky na Daveovo miesto, najbližšie k prednej časti saní.

Su intención era dejar que Dave descansara y corriera libremente detrás del trineo en movimiento.

Chcel nechať Davea odpočívať a voľne behať za pohybujúcimi sa saňami.

Pero incluso estando enfermo, Dave odiaba que lo sacaran del trabajo que había tenido.

Ale aj keď bol chorý, Dave neznášal, keď ho vzali z práce, ktorú predtým vykonával.

Gruñó y gimió cuando le quitaron las riendas del cuerpo.

Zavrčal a zakňučal, keď mu z tela sťahovali opraty.

Cuando vio a Solleks en su lugar, lloró con el corazón roto.

Keď uvidel Solleksa na svojom mieste, plakal od zlomeného srdca.

El orgullo por el trabajo en los senderos estaba profundamente arraigado en Dave, incluso cuando se acercaba la muerte.

Hrdosť na prácu na túrach bola v Daveovi hlboko cítiť, aj keď sa blížila smrť.

Mientras el trineo se movía, Dave se tambaleaba sobre la nieve blanda cerca del sendero.

Ako sa sane pohli, Dave sa motal v mäkkom snehu blízko chodníka.

Atacó a Solleks, mordiéndolo y empujándolo desde el costado del trineo.

Zaútočil na Solleka, hrýzol ho a strkal z boku saní.

Dave intentó saltar al arnés y recuperar su lugar de trabajo.

Dave sa pokúsil skočiť do postroja a získať späť svoje pracovné miesto.

Gritó, se quejó y lloró, dividido entre el dolor y el orgullo por el trabajo.

Jačal, kňučal a plakal, rozpoltený medzi bolesťou a hrdosťou na prácu.

El mestizo usó su látigo para intentar alejar a Dave del equipo.

Kríženec sa bičom pokúsil odohnať Davea od tímu.

Pero Dave ignoró el látigo y el hombre no pudo golpearlo más fuerte.

Ale Dave ignoroval úder bičom a muž ho nemohol udrieť silnejšie.

Dave rechazó el camino más fácil detrás del trineo, donde la nieve estaba acumulada.

Dave odmietol ľahšiu cestu za saňami, kde bol udupaný sneh.

En cambio, luchaba en la nieve profunda junto al sendero, en la miseria.

Namiesto toho sa v hlbokom snehu popri chodníku trápil a bojoval.

Finalmente, Dave se desplomó, quedó tendido en la nieve y aullando de dolor.

Nakoniec sa Dave zrútil, ležal v snehu a zavýjal od bolesti.

Gritó cuando el largo tren de trineos pasó a su lado uno por uno.

Vykríkol, keď ho dlhý zástup saní míňal jeden po druhom.

Aún con las fuerzas que le quedaban, se levantó y tropezó tras ellos.

Napriek tomu, s trochou síl, ktoré mu ešte zostali, vstal a potácal sa za nimi.

Lo alcanzó cuando el tren se detuvo nuevamente y encontró su viejo trineo.

Keď vlak znova zastavil, dobehol ho a našiel svoje staré sane.

Pasó junto a los otros equipos y se quedó de nuevo al lado de Solleks.

Prešmykol sa okolo ostatných tímov a znova sa postavil vedľa Solleksa.

Cuando el conductor se detuvo para encender su pipa, Dave aprovechó su última oportunidad.

Keď sa vodič zastavil, aby si zapálil fajku, Dave využil poslednú šancu.

Cuando el conductor regresó y gritó, el equipo no avanzó.

Keď sa vodič vrátil a zakričal, tím sa nepohol vpred.

Los perros habían girado la cabeza, confundidos por la parada repentina.

Psy otočili hlavy, zmätené náhlym zastavením.

El conductor también estaba sorprendido: el trineo no se había movido ni un centímetro hacia adelante.

Aj vodič bol šokovaný – sane sa nepohli ani o centimeter dopredu.

Llamó a los demás para que vinieran a ver qué había sucedido.

Zavolal na ostatných, aby prišli a pozreli sa, čo sa stalo.

Dave había mordido las riendas de Solleks, rompiéndolas ambas.

Dave prehrýzol Solleksove opraty a obe mu zlomil.

Ahora estaba de pie frente al trineo, nuevamente en su posición correcta.

Teraz stál pred saňami, späť na svojom správnom mieste.

Dave miró al conductor y le rogó en silencio que se mantuviera en el carril.

Dave zdvihol zrak na vodiča a v duchu ho prosil, aby zostal v koľajniciach.

El conductor estaba desconcertado, sin saber qué hacer con el perro que luchaba.

Vodič bol zmätený a nevedel, čo má robiť so trápiacim sa psom.

Los otros hombres hablaron de perros que habían muerto al ser sacados a la calle.

Ostatní muži hovorili o psoch, ktoré uhynuli pri odchode von.

Contaron sobre perros viejos o heridos cuyo corazón se rompió al ser abandonados.

Rozprávali o starých alebo zranených psoch, ktorým sa zlomilo srdce, keď ich nechali pozadu.

Estuvieron de acuerdo en que era una misericordia dejar que Dave muriera mientras aún estaba en su arnés.

Zhodli sa, že je milosrdenstvom nechať Davea zomrieť ešte v postroji.

Lo volvieron a sujetar al trineo y Dave tiró con orgullo.

Bol pripútaný späť k saniam a Dave ich hrdo ťahal.

Aunque a veces gritaba, trabajaba como si el dolor pudiera ignorarse.

Hoci občas kričal, pracoval, akoby bolesť mohol ignorovať.

Más de una vez se cayó y fue arrastrado antes de levantarse de nuevo.

Viackrát spadol a bol ťahaný, kým sa znova postavil.

Un día, el trineo pasó por encima de él y desde ese momento empezó a cojear.

Raz sa cez neho prevrátili sane a od tej chvíle kríval.

Aún así, trabajó hasta llegar al campamento y luego se acostó junto al fuego.

Napriek tomu pracoval, kým nedorazil do tábora, a potom si ľahol k ohňu.

Por la mañana, Dave estaba demasiado débil para viajar o incluso mantenerse en pie.

Ráno bol Dave príliš slabý na to, aby cestoval alebo dokonca stáť vzpriamene.

En el momento de preparar el arnés, intentó alcanzar a su conductor con un esfuerzo tembloroso.

Keď bol čas zapnúť sa, s trasúcou sa námahou sa snažil dostať k svojmu vodičovi.

Se obligó a levantarse, se tambaleó y se desplomó sobre el suelo nevado.

Prinútil sa postaviť, zatackal sa a zrútil sa na zasneženú zem.

Utilizando sus patas delanteras, arrastró su cuerpo hacia el área del arnés.

Prednými nohami ťahal svoje telo smerom k postroju.

Avanzó poco a poco, centímetro a centímetro, hacia los perros de trabajo.

Ťahal sa dopredu, centimeter za centimetrom, smerom k pracovným psom.

Sus fuerzas se acabaron, pero siguió avanzando en su último y desesperado esfuerzo.

Sila ho opustila, ale v poslednom zúfalom úsilí sa neustál.

Sus compañeros de equipo lo vieron jadeando en la nieve, todavía deseando unirse a ellos.

Jeho spoluhráči ho videli lapať po dychu v snehu a stále túžiť sa k nim pridať.

Lo oyeron aullar de dolor mientras dejaban atrás el campamento.

Keď opúšťali tábor, počuli ho zavýjať od zármutku.

Cuando el equipo desapareció entre los árboles, el grito de Dave resonó detrás de ellos.

Keď tím zmizol v stromoch, Daveov krik sa ozýval za nimi.

El tren de trineos se detuvo brevemente después de cruzar un tramo de bosque junto al río.

Vlak so saňami sa krátko zastavil po prejdení cez úsek riečneho lesa.

El mestizo escocés caminó lentamente de regreso hacia el campamento que estaba detrás.

Škótsky kríženec sa pomaly vracal späť k táboru za nimi.

Los hombres dejaron de hablar cuando lo vieron salir del tren de trineos.

Muži prestali hovoriť, keď ho videli vystupovať zo saní.

Entonces un único disparo se oyó claro y nítido en el camino.

Potom sa cez chodník jasne a ostro ozval jediný výstrel.

El hombre regresó rápidamente y ocupó su lugar sin decir palabra.

Muž sa rýchlo vrátil a bez slova zaujal svoje miesto.

Los látigos crujieron, las campanas tintinearon y los trineos rodaron por la nieve.

Biče praskali, zvončeky cinkali a sane sa kotúľali ďalej snehom.

Pero Buck sabía lo que había sucedido... y todos los demás perros también.

Ale Buck vedel, čo sa stalo – a rovnako aj každý iný pes.

El trabajo de las riendas y el sendero
Drma opratí a chodníka

Treinta días después de salir de Dawson, el Salt Water Mail llegó a Skaguay.

Tridsať dní po odchode z Dawsonu dorazila loď Salt Water Mail do Skaguay.

Buck y sus compañeros tomaron la delantera, llegando en lamentables condiciones.

Buck a jeho spoluhráči sa ujali vedenia a dorazili v žalostnom stave.

Buck había bajado de ciento cuarenta a ciento quince libras.

Buck schudol zo stoštyridsiatich na sto pätnásť kíl.

Los otros perros, aunque más pequeños, habían perdido aún más peso corporal.

Ostatné psy, hoci boli menšie, stratili ešte viac telesnej hmotnosti.

Pike, que antes fingía cojear, ahora arrastraba tras él una pierna realmente herida.

Pike, kedysi falošný krívajúci, teraz za sebou ťahal skutočne zranenú nohu.

Solleks cojeaba mucho y Dub tenía un omóplato torcido.

Solleks silno kríval a Dub mal vykĺbenú lopatku.

Todos los perros del equipo tenían las patas doloridas por las semanas que pasaron en el sendero helado.

Každý pes v tíme mal boľavé nohy z týždňov strávených na zamrznutej ceste.

Ya no tenían resorte en sus pasos, sólo un movimiento lento y arrastrado.

V ich krokoch už nezostala žiadna pružnosť, len pomalý, vlečný pohyb.

Sus pies golpeaban el sendero con fuerza y cada paso añadía más tensión a sus cuerpos.

Ich nohy tvrdo dopadali na chodník a každý krok im pridával na telá väčšiu námahu.

No estaban enfermos, sólo agotados más allá de toda recuperación natural.

Neboli chorí, len vyčerpaní nad rámec akéhokoľvek prirodzeného zotavenia.

No era el cansancio de un día duro que se curaba con una noche de descanso.

Toto nebola únava z jedného náročného dňa, vyliečená nočným odpočinkom.

Fue un agotamiento acumulado lentamente a lo largo de meses de esfuerzo agotador.

Bola to vyčerpanosť, ktorá sa pomaly budovala mesiacmi vyčerpávajúcej námahy.

No quedaban reservas de fuerza: habían agotado todas las que tenían.

Nezostali im žiadne rezervné sily – vyčerpali všetko, čo mali.

Cada músculo, fibra y célula de sus cuerpos estaba gastado y desgastado.

Každý sval, vlákno a bunka v ich telách boli vyčerpané a opotrebované.

Y había una razón: habían recorrido dos mil quinientas millas.

A mal na to dôvod – prešli dvetisícipäťsto míľ.

Habían descansado sólo cinco días durante las últimas mil ochocientas millas.

Počas posledných osemsto míľ odpočívali iba päť dní.

Cuando llegaron a Skaguay, parecían apenas capaces de mantenerse en pie.

Keď dorazili do Skaguay, vyzerali, že sa ledva dokážu udržať na nohách.

Se esforzaron por mantener las riendas tensas y permanecer delante del trineo.

S ťažkosťami udržali opraty pevne napnuté a udržali sa pred saňami.

En las bajadas sólo lograron evitar ser atropellados.

Na zjazdných svahoch sa im podarilo vyhnúť sa len prejdeniu.

"Sigan adelante, pobres pies doloridos", dijo el conductor mientras cojeaban.

„Pokračuj, úbohé boľavé nohy," povedal vodič, keď krívali ďalej.

"Este es el último tramo, luego todos tendremos un largo descanso, seguro".

„Toto je posledný úsek, potom si všetci určite dáme dlhší odpočinok."

"Un descanso verdaderamente largo", prometió mientras los observaba tambalearse hacia adelante.

„Jeden naozaj dlhý odpočinok," sľúbil a sledoval, ako sa potácajú vpred.

Los conductores esperaban que ahora tuvieran un descanso largo y necesario.

Vodiči očakávali, že teraz dostanú dlhú a potrebnú prestávku.

Habían recorrido mil doscientas millas con sólo dos días de descanso.

Precestovali dvanásťsto míľ a mali len dva dni odpočinku.

Por justicia y razón, sintieron que se habían ganado tiempo para relajarse.

Spravodlivo a rozumne mali pocit, že si zaslúžili čas na oddych.

Pero eran demasiados los que habían llegado al Klondike y muy pocos los que se habían quedado en casa.

Ale na Klondike ich prišlo priveľa a príliš málo zostalo doma.

Las cartas de las familias llegaron en masa, creando montañas de correo retrasado.

Listy od rodín sa zaplavili a vytvárali kopy oneskorenej pošty.

Llegaron órdenes oficiales: nuevos perros de la Bahía de Hudson tomarían el control.

Prišli oficiálne rozkazy – nové psy z Hudsonovho zálivu mali prevziať velenie.

Los perros exhaustos, ahora llamados inútiles, debían ser eliminados.

Vyčerpané psy, teraz označované za bezcenné, mali byť zlikvidované.

Como el dinero importaba más que los perros, los iban a vender a bajo precio.

Keďže peniaze boli dôležitejšie ako psy, mali sa predávať lacno.

Pasaron tres días más antes de que los perros sintieran lo débiles que estaban.

Prešli ďalšie tri dni, kým psy pocítili, aké sú slabé.

En la cuarta mañana, dos hombres de Estados Unidos compraron todo el equipo.

Na štvrté ráno kúpili celý tím dvaja muži zo Štátov.

La venta incluía todos los perros, además de sus arneses usados.

Predaj zahŕňal všetkých psov plus ich opotrebovaný postroj.

Los hombres se llamaban entre sí "Hal" y "Charles" mientras completaban el trato.

Muži sa pri uzatváraní obchodu oslovovali „Hal" a „Charles".

Charles era un hombre de mediana edad, pálido, con labios flácidos y puntas de bigote feroces.

Karol bol v strednom veku, bledý, s ovisnutými perami a ostrými končekmi fúzov.

Hal era un hombre joven, de unos diecinueve años, que llevaba un cinturón lleno de cartuchos.

Hal bol mladý muž, možno devätnásťročný, s opaskom plným nábojov.

El cinturón contenía un gran revólver y un cuchillo de caza, ambos sin usar.

Na opasku bol veľký revolver a poľovnícky nôž, oba nepoužité.

Esto demostró lo inexperto e inadecuado que era para la vida en el norte.

Ukázalo sa, aký bol neskúsený a neschopný života na severe.

Ninguno de los dos pertenecía a la naturaleza; su presencia desafiaba toda razón.

Ani jeden z nich nepatril do divočiny; ich prítomnosť vzdorovala akémukoľvek rozumu.

Buck observó cómo el dinero intercambiaba manos entre el comprador y el agente.

Buck sledoval, ako si kupujúci a agent vymieňajú peniaze.

Sabía que los conductores de trenes correos abandonaban su vida como el resto.

Vedel, že rušňovodiči poštových vlakov opúšťajú aj jeho život ako všetci ostatní.

Siguieron a Perrault y a François, ahora desaparecidos sin posibilidad de recuperación.

Nasledovali Perraulta a Françoisa, ktorých si už nikto nepamätal.

Buck y el equipo fueron conducidos al descuidado campamento de sus nuevos dueños.

Bucka a tím odviedli do zanedbaného tábora ich nových majiteľov.

La tienda se hundía, los platos estaban sucios y todo estaba desordenado.

Stan sa prehýbal, riad bol špinavý a všetko ležalo v neporiadku.

Buck también notó que había una mujer allí: Mercedes, la esposa de Charles y hermana de Hal.

Buck si tam všimol aj ženu – Mercedes, Charlesovu manželku a Halovu sestru.

Formaban una familia completa, aunque no eran aptos para el recorrido.

Tvorili kompletnú rodinu, hoci ani zďaleka neboli vhodní na túto túru.

Buck observó nervioso cómo el trío comenzó a empacar los suministros.

Buck nervózne sledoval, ako trojica začína baliť zásoby.

Trabajaron duro, pero sin orden: sólo alboroto y esfuerzos desperdiciados.

Pracovali tvrdo, ale bez poriadku – len rozruch a zbytočné úsilie.

La tienda estaba enrollada hasta formar un volumen demasiado grande para el trineo.

Stan bol zrolovaný do objemného tvaru, príliš veľký na sane.

Los platos sucios se empaquetaron sin limpiarlos ni secarlos.

Špinavý riad bol zabalený bez toho, aby bol vôbec umytý alebo vysušený.

Mercedes revoloteaba por todos lados, hablando, corrigiendo y entrometiéndose constantemente.

Mercedes sa potulovala sem a tam, neustále rozprávala, opravovala a miešala sa do všetkého.

Cuando le ponían un saco en el frente, ella insistía en que lo pusieran en la parte de atrás.

Keď jej vreco položili spredu, trvala na tom, aby išlo aj dozadu.

Metió la bolsa en el fondo y al siguiente momento la necesitó.

Vrece zbalila na spodok a v ďalšej chvíli ho potrebovala.

De esta manera, el trineo fue desempaquetado nuevamente para alcanzar la bolsa específica.

Takže sane boli opäť vybalené, aby sa dostali k tej jednej konkrétnej taške.

Cerca de allí, tres hombres estaban parados afuera de una tienda de campaña, observando cómo se desarrollaba la escena.

Neďaleko stáli pred stanom traja muži a sledovali, čo sa deje.

Sonrieron, guiñaron el ojo y sonrieron ante la evidente confusión de los recién llegados.

Usmievali sa, žmurkali a uškrnuli sa nad zjavným zmätkom nováčikov.

"Ya tienes una carga bastante pesada", dijo uno de los hombres.

„Už teraz máš poriadne ťažký náklad," povedal jeden z mužov.

"No creo que debas llevar esa tienda de campaña, pero es tu elección".

„Myslím si, že by si ten stan nemal niesť, ale je to tvoja voľba."

"¡Inimaginable!", exclamó Mercedes levantando las manos con desesperación.

„Nesnívané!" zvolala Mercedes a zúfalo rozhodila rukami.

"¿Cómo podría viajar sin una tienda de campaña donde refugiarme?"

„Ako by som mohol cestovať bez stanu, pod ktorým by som mohol spať?"

"Es primavera, ya no volverás a ver el frío", respondió el hombre.

„Je jar – už tu neuvidíte chladné počasie," odpovedal muž.

Pero ella meneó la cabeza y ellos siguieron apilando objetos en el trineo.

Ale pokrútila hlavou a oni ďalej nakladali veci na sane.

La carga se elevó peligrosamente a medida que añadían los últimos elementos.

Náklad sa nebezpečne týčil vysoko, keď pridávali posledné veci.

"¿Crees que el trineo se deslizará?" preguntó uno de los hombres con mirada escéptica.

„Myslíš, že sane pôjdu?" spýtal sa jeden z mužov so skeptickým pohľadom.

"¿Por qué no debería?", replicó Charles con gran fastidio.

„Prečo by nemalo?" odsekol Charles s ostrou podráždenosťou.

—Está bien —dijo rápidamente el hombre, alejándose un poco de la ofensa.

„Och, to je v poriadku," povedal muž rýchlo a cúvol, aby sa nestal urážlivým.

"Solo me preguntaba, me pareció que tenía la parte superior demasiado pesada".

„Len som sa pýtal – mne sa to zdalo trochu príliš ťažké navrchu."

Charles se dio la vuelta y ató la carga lo mejor que pudo.

Karol sa odvrátil a uviazal náklad, ako najlepšie vedel.

Pero las ataduras estaban sueltas y el embalaje en general estaba mal hecho.

Ale laná boli voľné a celkovo zle zabalené.

"Claro, los perros tirarán de eso todo el día", dijo otro hombre con sarcasmo.

„Jasné, psy to budú ťahať celý deň," povedal sarkasticky ďalší muž.

—Por supuesto —respondió Hal con frialdad, agarrando el largo palo del trineo.

„Samozrejme," odpovedal Hal chladne a chytil sa dlhej výstužnej tyče saní.

Con una mano en el poste, blandía el látigo con la otra.

S jednou rukou na žrdi sa druhou šalhal bičom.

"¡Vamos!", gritó. "¡Muévanse!", instando a los perros a empezar.

„Poďme!" zakričal. „Pohni sa!" nabádal psy, aby sa rozbehli.

Los perros se inclinaron hacia el arnés y se tensaron durante unos instantes.

Psy sa opreli do postroja a chvíľu sa napínali.

Entonces se detuvieron, incapaces de mover ni un centímetro el trineo sobrecargado.

Potom sa zastavili, nedokázali pohnúť s preťaženými saňami ani o centimeter.

—¡Esos brutos perezosos! —gritó Hal, levantando el látigo para golpearlos.

„Tí leniví beštie!" zakričal Hal a zdvihol bič, aby ich udrel.

Pero Mercedes entró corriendo y le arrebató el látigo de las manos a Hal.

Ale Mercedes vbehla dnu a vytrhla Halovi bič z rúk.

—Oh, Hal, no te atrevas a hacerles daño —gritó alarmada.

„Ach, Hal, neopováž sa im ublížiť!" zvolala vystrašene.

"Prométeme que serás amable con ellos o no daré un paso más".

„Sľúb mi, že k nim budeš milý, inak neurobím ani krok."

—No sabes nada de perros —le espetó Hal a su hermana.

„O psoch nevieš nič," odsekol Hal sestre.

"Son perezosos y la única forma de moverlos es azotándolos".

„Sú leniví a jediný spôsob, ako ich pohnúť, je zbičovať ich."

"Pregúntale a cualquiera, pregúntale a uno de esos hombres de allí si dudas de mí".

„Spýtaj sa kohokoľvek – spýtaj sa jedného z tých mužov tam, ak o mne pochybuješ."

Mercedes miró a los espectadores con ojos suplicantes y llorosos.

Mercedes sa na prizerajúcich pozrela prosebným, uplakaným pohľadom.

Su rostro mostraba lo profundamente que odiaba ver cualquier dolor.

Jej tvár prezrádzala, ako hlboko nenávidí pohľad na
akúkoľvek bolesť.

**"Están débiles, eso es todo", dijo un hombre. "Están
agotados".**

„Sú slabí, to je všetko," povedal jeden muž. „Sú vyčerpaní."

**"Necesitan descansar, han trabajado demasiado tiempo sin
descansar".**

„Potrebujú si oddýchnuť – boli príliš dlho unavení bez
prestávky."

—Maldito sea el resto —murmuró Hal con el labio curvado.

„Zvyšok nech je prekliaty," zamrmlal Hal so zovretými
perami.

**Mercedes jadeó, visiblemente dolida por la grosera palabra
que pronunció.**

Mercedes zalapala po dychu, zjavne ju jeho hrubé slovo
dojalo.

**Aún así, ella se mantuvo leal y defendió instantáneamente a
su hermano.**

Napriek tomu zostala verná a okamžite sa postavila na obranu
svojho brata.

**—No le hagas caso a ese hombre —le dijo a Hal—. Son
nuestros perros.**

„Nevšímaj si toho muža," povedala Halovi. „Sú to naše psy."

**"Los conduces como mejor te parezca, haz lo que creas
correcto".**

„Riaďte ich, ako uznáte za vhodné – robte to, čo považujete za
správne."

**Hal levantó el látigo y volvió a golpear a los perros sin
piedad.**

Hal zdvihol bič a znova bez milosti udrel psy.

**Se lanzaron hacia adelante, con el cuerpo agachado y los pies
hundidos en la nieve.**

Vrhli sa dopredu, telá nízko, nohy zaborené do snehu.

Ponían toda su fuerza en tirar, pero el trineo no se movía.

Všetka ich sila išla do ťahu, ale sane sa nepohli.

**El trineo quedó atascado, como un ancla congelada en la
nieve compacta.**

Sane zostali zaseknuté ako kotva zamrznutá v udupanom snehu.

Tras un segundo esfuerzo, los perros se detuvieron de nuevo, jadeando con fuerza.

Po druhom pokuse sa psy opäť zastavili a ťažko dychčali.

Hal levantó el látigo una vez más, justo cuando Mercedes interfirió nuevamente.

Hal znova zdvihol bič, práve keď Mercedes opäť zasiahla.

Ella cayó de rodillas frente a Buck y abrazó su cuello.

Klekla si pred Bucka na kolená a objala ho okolo krku.

Las lágrimas llenaron sus ojos mientras le suplicaba al perro exhausto.

Slzy sa jej tisli do očí, keď prosila vyčerpaného psa.

"Pobres queridos", dijo, "¿por qué no tiran más fuerte?"

„Vy chúďatká," povedala, „prečo jednoducho neťaháte silnejšie?"

"Si tiras, no te azotarán así".

„Ak budeš ťahať, tak ťa takto zbičujú."

A Buck no le gustaba Mercedes, pero estaba demasiado cansado para resistirse a ella ahora.

Buck nemal rád Mercedes, ale bol príliš unavený na to, aby jej teraz odolal.

Él aceptó sus lágrimas como una parte más de ese día miserable.

Prijal jej slzy len ako ďalšiu súčasť biedneho dňa.

Uno de los hombres que observaban finalmente habló después de contener su ira.

Jeden z prizerajúcich sa mužov konečne prehovoril, keď potlačil hnev.

"No me importa lo que les pase a ustedes, pero esos perros importan".

„Je mi jedno, čo sa s vami stane, ale na tých psoch záleží."

"Si quieres ayudar, suelta ese trineo: está congelado hasta la nieve".

„Ak chceš pomôcť, uvoľni tie sane – sú zamrznuté na sneh."

"Presiona con fuerza el polo G, derecha e izquierda, y rompe el sello de hielo".

„Silno zatlač na výstužnú tyč, doprava aj doľava, a prelom ľadovú ochrannú plombu."

Se hizo un tercer intento, esta vez siguiendo la sugerencia del hombre.

Uskutočnil sa tretí pokus, tentoraz na mužov návrh.

Hal balanceó el trineo de un lado a otro, soltando los patines.

Hal hojdal sane zo strany na stranu a uvoľňoval ich.

El trineo, aunque sobrecargado y torpe, finalmente avanzó con dificultad.

Sane, hoci preťažené a nemotorné, sa nakoniec pohli dopredu.

Buck y los demás tiraron salvajemente, impulsados por una tormenta de latigazos.

Buck a ostatní divoko ťahali, poháňaní spŕškou švihov bičom.

Cien metros más adelante, el sendero se curvaba y descendía hacia la calle.

Sto metrov pred nimi sa chodník kľukatil a zvažoval do ulice.

Se hubiera necesitado un conductor habilidoso para mantener el trineo en posición vertical.

Bude potrebné, aby sane udržal vo vzpriamenej polohe, a to skúseného vodiča.

Hal no era hábil y el trineo se volcó al girar en la curva.

Hal nebol zručný a sane sa pri prudkom zatáčaní prevrátili.

Las ataduras sueltas cedieron y la mitad de la carga se derramó sobre la nieve.

Uvoľnené laná povoľovali a polovica nákladu sa vysypala na sneh.

Los perros no se detuvieron; el trineo, más ligero, siguió volando de lado.

Psy sa nezastavili; ľahšie sane leteli na boku.

Enojados por el abuso y la pesada carga, los perros corrieron más rápido.

Nahnevané zlým zaobchádzaním a ťažkým bremenom psy bežali rýchlejšie.

Buck, furioso, echó a correr, con el equipo siguiéndolo detrás.

Buck sa v rozzúrenosti rozbehol a tím ho nasledoval.

Hal gritó "¡Guau! ¡Guau!", pero el equipo no le hizo caso.

Hal zakričal „No teda! No teda!", ale tím si ho nevšímal.

Tropezó, cayó y fue arrastrado por el suelo por el arnés.

Potkol sa, spadol a postroj ho ťahal po zemi.

El trineo volcado saltó sobre él mientras los perros corrían delante.

Prevrátené sane ho prevalili, zatiaľ čo psy sa hnali vpred.

El resto de los suministros se dispersaron por la concurrida calle de Skaguay.

Zvyšok zásob sa rozptýlil po rušnej ulici v Skaguayi.

La gente bondadosa se apresuró a detener a los perros y recoger el equipo.

Dobrosrdeční ľudia sa ponáhľali zastaviť psy a zhromaždiť výstroj.

También dieron consejos, contundentes y prácticos, a los nuevos viajeros.

Tiež dávali novým cestovateľom rady, priame a praktické.

"Si quieres llegar a Dawson, lleva la mitad de la carga y el doble de perros".

„Ak sa chceš dostať do Dawsonu, vezmi si polovicu nákladu a zdvojnásob psy."

Hal, Charles y Mercedes escucharon, aunque no con entusiasmo.

Hal, Charles a Mercedes počúvali, hoci nie s nadšením.

Instalaron su tienda de campaña y comenzaron a clasificar sus suministros.

Postavili si stan a začali triediť svoje zásoby.

Salieron alimentos enlatados, lo que hizo reír a carcajadas a los espectadores.

Vyšli konzervované potraviny, ktoré rozosmiali prizerajúcich sa.

"¿Enlatado en el camino? Te morirás de hambre antes de que se derrita", dijo uno.

„Konzervované veci na ceste? Skôr ako sa roztopia, zomriete od hladu," povedal jeden.

¿Mantas de hotel? Mejor tíralas todas.

„Hotelové deky? Radšej ich všetky vyhodíš."

"Si también deshazte de la tienda de campaña, aquí nadie lava los platos".

„Zhoď aj stan a nikto tu neumýva riad."

¿Crees que estás viajando en un tren Pullman con sirvientes a bordo?

„Myslíš si, že ideš pullmanovským vlakom so sluhami na palube?"

El proceso comenzó: todos los objetos inútiles fueron arrojados a un lado.

Proces sa začal – každá nepotrebná vec bola odhodená nabok.

Mercedes lloró cuando sus maletas fueron vaciadas en el suelo nevado.

Mercedes plakala, keď jej tašky vysypali na zasneženú zem.

Ella sollozaba por cada objeto que tiraba, uno por uno, sin pausa.

Vzlykala nad každou vyhodenou vecou, jednou po druhej bez prestávky.

Ella juró no dar un paso más, ni siquiera por diez Charleses.

Prisahala, že neurobí ani krok – ani za desať Charlesov.

Ella le rogó a cada persona cercana que le permitiera conservar sus cosas preciosas.

Prosila každého človeka nablízku, aby jej dovolil nechať si jej vzácne veci.

Por último, se secó los ojos y comenzó a arrojar incluso la ropa más importante.

Nakoniec si utrela oči a začala hádzať aj to najdôležitejšie oblečenie.

Cuando terminó con los suyos, comenzó a vaciar los suministros de los hombres.

Keď skončila so svojimi, začala vyprázdňovať mužské zásoby.

Como un torbellino, destrozó las pertenencias de Charles y Hal.

Ako víchrica sa prehnala cez veci Charlesa a Hala.

Aunque la carga se redujo a la mitad, todavía era mucho más pesada de lo necesario.

Hoci sa náklad znížil na polovicu, stále bol oveľa ťažší, ako bolo potrebné.

Esa noche, Charles y Hal salieron y compraron seis perros nuevos.

V tú noc Charles a Hal išli von a kúpili šesť nových psov.

Estos nuevos perros se unieron a los seis originales, además de Teek y Koona.

Tieto nové psy sa pridali k pôvodnej šestke plus Teekovi a Koonovi.

Juntos formaron un equipo de catorce perros enganchados al trineo.

Spolu vytvorili záprah štrnástich psov zapriahnutých do saní.

Pero los nuevos perros no eran aptos y estaban mal entrenados para el trabajo con trineos.

Ale nové psy boli nespôsobilé a zle vycvičené na prácu so záprahmi.

Tres de los perros eran pointers de pelo corto y uno era un Terranova.

Traja psy boli krátkosrsté stavače a jeden bol novofundlanďan.

Los dos últimos perros eran mestizos, sin ninguna raza ni propósito claros.

Posledné dva psy boli bordely bez jasného plemena alebo účelu.

No entendieron el camino y no lo aprendieron rápidamente.

Nerozumeli trase a nenaučili sa ju rýchlo.

Buck y sus compañeros los miraron con desprecio y profunda irritación.

Buck a jeho kamaráti ich sledovali s pohŕdaním a hlbokým podráždením.

Aunque Buck les enseñó lo que no debían hacer, no podía enseñarles cuál era el deber.

Hoci ich Buck naučil, čo nerobiť, nemohol ich naučiť povinnostiam.

No se adaptaron bien a la vida en senderos ni al tirón de las riendas y los trineos.

Neznášali dobre chôdzu po vlečkách ani ťah opraty a saní.

Sólo los mestizos intentaron adaptarse, e incluso a ellos les faltó espíritu de lucha.

Iba kríženci sa snažili prispôsobiť a aj tým chýbala bojovnosť.

Los demás perros estaban confundidos, debilitados y destrozados por su nueva vida.

Ostatné psy boli zmätené, oslabené a zlomené svojím novým životom.

Con los nuevos perros desorientados y los viejos exhaustos, la esperanza era escasa.

Keďže nové psy nemali rady a staré boli vyčerpané, nádej bola slabá.

El equipo de Buck había recorrido dos mil quinientas millas de senderos difíciles.

Buckov tím prešiel dvetisíc päťsto míľ náročnej cesty.

Aún así, los dos hombres estaban alegres y orgullosos de su gran equipo de perros.

Napriek tomu boli tí dvaja muži veselí a hrdí na svoj veľký psí záprah.

Creían que viajaban con estilo, con catorce perros enganchados.

Mysleli si, že cestujú štýlovo, so štrnástimi zaviazanými psami.

Habían visto trineos partir hacia Dawson y otros llegar desde allí.

Videli sane odchádzať do Dawsonu a ďalšie odtiaľ prichádzať.

Pero nunca habían visto uno tirado por tantos catorce perros.

Ale nikdy nevideli taký, ktorý by ťahalo až štrnásť psov.

Había una razón por la que equipos como ese eran raros en el desierto del Ártico.

Existoval dôvod, prečo boli takéto tímy v arktickej divočine zriedkavé.

Ningún trineo podría transportar suficiente comida para alimentar a catorce perros durante el viaje.

Žiadne sane by neuniesli dostatok jedla na nakŕmenie štrnástich psov na cestu.

Pero Charles y Hal no lo sabían: habían hecho los cálculos.

Ale Charles a Hal to nevedeli – urobili si výpočty.

Planificaron la comida: tanta cantidad por perro, tantos días, y listo.

Ceruzkou si rozpísali jedlo: toľko na psa, toľko dní, hotové.

Mercedes miró sus figuras y asintió como si tuviera sentido.
Mercedes sa pozrela na ich čísla a prikývla, akoby to dávalo zmysel.
Todo le parecía muy sencillo, al menos en el papel.
Všetko sa jej to zdalo veľmi jednoduché, aspoň na papieri.

A la mañana siguiente, Buck guió al equipo lentamente por la calle nevada.
Nasledujúce ráno Buck pomaly viedol záprah po zasneženej ulici.
No había energía ni espíritu en él ni en los perros detrás de él.
V ňom ani v psoch za ním nebola žiadna energia ani duch.
Estaban muertos de cansancio desde el principio: no les quedaban reservas.
Od začiatku boli smrteľne unavení – nezostala im žiadna rezerva.
Buck ya había hecho cuatro viajes entre Salt Water y Dawson.
Buck už absolvoval štyri cesty medzi Salt Water a Dawson.
Ahora, enfrentado nuevamente el mismo desafío, no sentía nada más que amargura.
Teraz, keď opäť stál pred tou istou cestou, necítil nič iné ako horkosť.
Su corazón no estaba en ello, ni tampoco el corazón de los otros perros.
Nebol v tom odhodlaný, ani srdcia ostatných psov.
Los nuevos perros eran tímidos y los huskies carecían de confianza.
Nové psy boli plaché a huskym chýbala akákoľvek dôvera.
Buck sintió que no podía confiar en estos dos hombres ni en su hermana.
Buck cítil, že sa nemôže spoľahnúť na týchto dvoch mužov ani na ich sestru.
No sabían nada y no mostraron señales de aprender en el camino.

Nič nevedeli a na ceste neprejavovali žiadne známky učenia sa.

Estaban desorganizados y carecían de cualquier sentido de disciplina.

Boli neorganizovaní a chýbal im akýkoľvek zmysel pre disciplínu.

Les tomó media noche montar un campamento descuidado cada vez.

Zakaždým im trvalo pol noci, kým si postavili nedbalý tábor.

Y la mitad de la mañana siguiente la pasaron otra vez jugueteando con el trineo.

A pol nasledujúceho rána opäť strávili hraním sa so saňami.

Al mediodía, a menudo se detenían simplemente para arreglar la carga desigual.

Do poludnia sa často zastavovali len preto, aby opravili nerovnomerný náklad.

Algunos días, viajaron menos de diez millas en total.

V niektoré dni prešli celkovo menej ako desať míľ.

Otros días ni siquiera conseguían salir del campamento.

Iné dni sa im vôbec nepodarilo opustiť tábor.

Nunca llegaron a cubrir la distancia alimentaria planificada.

Nikdy sa ani zďaleka nepriblížili k plánovanej vzdialenosti na prepravu jedla.

Como era de esperar, muy rápidamente se quedaron sin comida para los perros.

Ako sa očakávalo, krmivo pre psy im došlo veľmi rýchlo.

Empeoró las cosas sobrealimentándolos en los primeros días.

V prvých dňoch situáciu ešte zhoršili prekrmovaním.

Esto acercaba la hambruna con cada ración descuidada.

S každou neopatrnou dávkou sa hlad približoval bližšie.

Los nuevos perros no habían aprendido a sobrevivir con muy poco.

Nové psy sa nenaučili prežiť s veľmi malým množstvom potravy.

Comieron con hambre, con apetitos demasiado grandes para el camino.

Jedli hladne, s chuťou do jedla príliš veľkou na to, aby zvládli tú cestu.

Al ver que los perros se debilitaban, Hal creyó que la comida no era suficiente.

Keď Hal videl, ako psy slabnú, uveril, že jedlo nestačí.

Duplicó las raciones, empeorando aún más el error.

Zdvojnásobil dávky, čím chybu ešte zhoršil.

Mercedes añadió más problemas con lágrimas y suaves súplicas.

Mercedes k problému pridala slzy a tiché prosby.

Cuando no pudo convencer a Hal, alimentó a los perros en secreto.

Keď nedokázala presvedčiť Hala, tajne nakŕmila psy.

Ella robó de los sacos de pescado y se lo dio a sus espaldas.

Ukradla z vriec s rybami a dala im to za jeho chrbtom.

Pero lo que los perros realmente necesitaban no era más comida: era descanso.

Ale psy skutočne nepotrebovali viac jedla – bol to odpočinok.

Iban a poca velocidad, pero el pesado trineo aún seguía avanzando.

Plánovali slabý čas, ale ťažké sane sa stále vliekli.

Ese peso solo les quitaba las fuerzas que les quedaban cada día.

Už len tá váha im každý deň vysávala zostávajúce sily.

Luego vino la etapa de desalimentación ya que los suministros escasearon.

Potom prišla fáza podvýživy, pretože zásoby sa míňali.

Una mañana, Hal se dio cuenta de que la mitad de la comida para perros ya había desaparecido.

Hal si jedného rána uvedomil, že polovica psieho krmiva je už preč.

Sólo habían recorrido una cuarta parte de la distancia total del recorrido.

Prešli len štvrtinu celkovej vzdialenosti trasy.

No se podía comprar más comida por ningún precio que se ofreciera.

Už sa nedalo kúpiť žiadne ďalšie jedlo, bez ohľadu na to, akú cenu ponúkali.

Redujo las raciones de los perros por debajo de la ración diaria estándar.

Znížil psom porcie pod štandardnú dennú dávku.

Al mismo tiempo, exigió viajes más largos para compensar las pérdidas.

Zároveň požadoval dlhšie cestovanie, aby vynahradil stratu.

Mercedes y Carlos apoyaron este plan, pero fracasaron en su ejecución.

Mercedes a Charles tento plán podporili, ale zlyhali v jeho realizácii.

Su pesado trineo y su falta de habilidad hicieron que el avance fuera casi imposible.

Ich ťažké sane a nedostatok zručností takmer znemožňovali pokrok.

Era fácil dar menos comida, pero imposible forzar más esfuerzo.

Bolo ľahké dať menej jedla, ale nemožné vynútiť si viac úsilia.

No podían salir temprano ni tampoco viajar horas extras.

Nemohli začať skoro, ani nemohli cestovať dlhšie.

No sabían cómo trabajar con los perros, ni tampoco ellos mismos.

Nevedeli, ako pracovať so psami, ani so sebou samými.

El primer perro que murió fue Dub, el desafortunado pero trabajador ladrón.

Prvým psom, ktorý zomrel, bol Dub, nešťastný, ale pracovitý zlodej.

Aunque a menudo lo castigaban, Dub había hecho su parte sin quejarse.

Hoci Dub bol často trestaný, zvládal svoju úlohu bez sťažností.

Su hombro lesionado empeoró sin cuidados ni necesidad de descanso.

Jeho zranené rameno sa bez starostlivosti a potreby odpočinku zhoršovalo.

Finalmente, Hal usó el revólver para acabar con el sufrimiento de Dub.

Nakoniec Hal použil revolver, aby ukončil Dubovo utrpenie.

Un dicho común afirma que los perros normales mueren con raciones para perros esquimales.

Bežné príslovie tvrdilo, že normálne psy umierajú na dávkach pre huskyho.

Los seis nuevos compañeros de Buck tenían sólo la mitad de la porción de comida del husky.

Buckových šesť nových spoločníkov malo len polovičný podiel jedla pre huskyho.

Primero murió el Terranova y después los tres bracos de pelo corto.

Najprv uhynul novofundlanďan a potom tri krátkosrsté stavače.

Los dos mestizos resistieron más tiempo pero finalmente perecieron como el resto.

Dvaja kríženci sa držali dlhšie, ale nakoniec zahynuli ako ostatní.

Para entonces, todas las comodidades y la dulzura de Southland habían desaparecido.

V tomto čase už všetky vymoženosti a jemnosť Juhu boli preč.

Las tres personas habían perdido los últimos vestigios de su educación civilizada.

Tí traja ľudia sa zbavili posledných stôp svojej civilizovanej výchovy.

Despojado de glamour y romance, el viaje al Ártico se volvió brutalmente real.

Zbavené pôvabu a romantiky, cestovanie po Arktike sa stalo brutálne skutočným.

Era una realidad demasiado dura para su sentido de masculinidad y feminidad.

Bola to realita príliš drsná pre ich zmysel pre mužnosť a ženstvo.

Mercedes ya no lloraba por los perros, ahora lloraba sólo por ella misma.

Mercedes už neplakala za psami, ale teraz plakala len za seba.

Pasó su tiempo llorando y peleando con Hal y Charles.

Trávila čas plačom a hádkami s Halom a Charlesom.

Pelear era lo único que nunca estaban demasiado cansados para hacer.

Hádky boli jediná vec, na ktorú nikdy neboli príliš unavení.

Su irritabilidad surgió de la miseria, creció con ella y la superó.

Ich podráždenosť pramenila z biedy, rástla s ňou a prekonala ju.

La paciencia del camino, conocida por quienes trabajan y sufren con bondad, nunca llegó.

Trpezlivosť na ceste, známa tým, ktorí sa dobrotivo namáhajú a trpia, nikdy neprišla.

Esa paciencia que conserva dulce la palabra a pesar del dolor les era desconocida.

Tá trpezlivosť, ktorá udržiava reč sladkú aj napriek bolesti, im bola neznáma.

No tenían ni un ápice de paciencia ni la fuerza que suponía sufrir con gracia.

Nemali ani náznak trpezlivosti, žiadnu silu čerpanú z utrpenia s gráciou.

Estaban rígidos por el dolor: les dolían los músculos, los huesos y el corazón.

Boli stuhnutí od bolesti – boleli ich svaly, kosti a srdce.

Por eso se volvieron afilados de lengua y rápidos para usar palabras ásperas.

Kvôli tomu sa stali ostrými na jazyk a rýchlymi v drsných slovách.

Cada día comenzaba y terminaba con voces enojadas y amargas quejas.

Každý deň sa začínal a končil nahnevanými hlasmi a trpkými sťažnosťami.

Charles y Hal discutían cada vez que Mercedes les daba una oportunidad.

Charles a Hal sa hádali vždy, keď im Mercedes dala šancu.

Cada hombre creía que hacía más de lo que le correspondía en el trabajo.

Každý muž veril, že urobil viac, než mu patrilo.

Ninguno de los dos perdió la oportunidad de decirlo una y otra vez.

Ani jeden z nich nikdy nepremeškal príležitosť povedať to znova a znova.

A veces Mercedes se ponía del lado de Charles, a veces del lado de Hal.

Niekedy sa Mercedes postavila na stranu Charlesa, niekedy na stranu Hala.

Esto dio lugar a una gran e interminable disputa entre los tres.

To viedlo k veľkej a nekonečnej hádke medzi tými tromi.

Una disputa sobre quién debería cortar leña se salió de control.

Spor o to, kto má rúbať palivové drevo, sa vymkol spod kontroly.

Pronto se nombraron padres, madres, primos y parientes muertos.

Čoskoro boli mená otcov, matiek, bratrancov a sesterníc a zosnulých príbuzných.

Las opiniones de Hal sobre el arte o las obras de su tío se convirtieron en parte de la pelea.

Súčasťou boja sa stali Halove názory na umenie alebo hry jeho strýka.

Las creencias políticas de Charles también entraron en el debate.

Do debaty sa dostali aj Charlesove politické presvedčenia.

Para Mercedes, incluso los chismes de la hermana de su marido parecían relevantes.

Pre Mercedes sa zdali byť relevantné aj klebety sestry jej manžela.

Ella expresó sus opiniones sobre eso y sobre muchos de los defectos de la familia de Charles.

Vyjadrila svoje názory na to a na mnohé nedostatky Charlesovej rodiny.

Mientras discutían, el fuego permaneció apagado y el campamento medio montado.

Kým sa hádali, oheň zostal nezapálený a tábor napoly vyhorený.

Mientras tanto, los perros permanecieron fríos y sin comida.

Medzitým psy zostali v chlade a bez jedla.

Mercedes tenía un motivo de queja que consideraba profundamente personal.

Mercedes mala krivdu, ktorú považovala za hlboko osobnú.

Se sintió maltratada como mujer, negándole sus privilegios de gentileza.

Cítila sa zle zaobchádzaná ako žena, odopierala svoje privilégiá.

Ella era bonita y dulce, y acostumbrada a la caballerosidad toda su vida.

Bola pekná a nežná a celý život zvyknutá na rytierstvo.

Pero su marido y su hermano ahora la trataban con impaciencia.

Ale jej manžel a brat sa k nej teraz správali netrpezlivo.

Su costumbre era actuar con impotencia y comenzaron a quejarse.

Jej zvykom bolo tváriť sa bezmocne a oni sa začali sťažovať.

Ofendida por esto, les hizo la vida aún más difícil.

Urazená tým im ešte viac sťažila život.

Ella ignoró a los perros e insistió en montar ella misma el trineo.

Ignorovala psy a trvala na tom, že sa na saniach povozí sama.

Aunque parecía ligera de aspecto, pesaba ciento veinte libras.

Hoci vyzerala ľahkej, vážila sto dvadsať libier.

Esa carga adicional era demasiado para los perros hambrientos y débiles.

Táto dodatočná záťaž bola pre hladujúcich, slabých psov priveľa.

Aún así, ella cabalgó durante días, hasta que los perros se desplomaron en las riendas.

Napriek tomu jazdila celé dni, až kým sa psy nerozpadli pod opraty.

El trineo se detuvo y Charles y Hal le rogaron que caminara.

Sane stáli a Charles s Halom ju prosili, aby išla pešo.

Ellos suplicaron y rogaron, pero ella lloró y los llamó crueles.

Prosili a úpenlivo žiadali, ale ona plakala a nazývala ich krutými.

En una ocasión la sacaron del trineo con pura fuerza y enojo.

Raz ju s veľkou silou a hnevom stiahli zo saní.

Nunca volvieron a intentarlo después de lo que pasó aquella vez.

Po tom, čo sa vtedy stalo, to už nikdy neskúsili.

Ella se quedó flácida como un niño mimado y se sentó en la nieve.

Ochabla ako rozmaznané dieťa a sadla si do snehu.

Ellos siguieron adelante, pero ella se negó a levantarse o seguirlos.

Pokračovali ďalej, ale ona odmietla vstať alebo ich nasledovať.

Después de tres millas, se detuvieron, regresaron y la llevaron de regreso.

Po troch míľach zastavili, vrátili sa a odniesli ju späť.

La volvieron a cargar en el trineo, nuevamente usando la fuerza bruta.

Znovu ju naložili na sane, opäť s použitím hrubej sily.

En su profunda miseria, fueron insensibles al sufrimiento de los perros.

Vo svojej hlbokej biede boli k utrpeniu psov bezcitní.

Hal creía que uno debía endurecerse y forzar esa creencia a los demás.

Hal veril, že človek sa musí otupiť a vnucoval túto vieru ostatným.

Primero intentó predicar su filosofía a su hermana.

Najprv sa pokúsil kázať svoju filozofiu svojej sestre

y luego, sin éxito, le predicó a su cuñado.

a potom bez úspechu kázal svojmu švagrovi.

Tuvo más éxito con los perros, pero sólo porque los lastimaba.

So psami mal väčší úspech, ale len preto, že im ubližoval.

En Five Fingers, la comida para perros se quedó completamente sin comida.

V obchode Five Fingers sa krmivo pre psov úplne minulo.

Una vieja india desdentada vendió unas cuantas libras de cuero de caballo congelado

Bezzubá stará žena predala niekoľko kíl mrazenej konskej kože

Hal cambió su revólver por la piel de caballo seca.

Hal vymenil svoj revolver za vysušenú konskú kožu.

La carne había procedido de caballos hambrientos de ganaderos meses antes.

Mäso pochádzalo z vyhladovaných koní chovateľov dobytka mesiace predtým.

Congelada, la piel era como hierro galvanizado: dura y incomestible.

Zamrznutá koža bola ako pozinkované železo; tvrdá a nejedlá.

Los perros tenían que masticar sin parar la piel para poder comérsela.

Psy museli donekonečna hrýzť kožu, aby ju zjedli.

Pero las cuerdas correosas y el pelo corto no constituían apenas alimento.

Ale kožovité pramene a krátke vlasy neboli potravou.

La mayor parte de la piel era irritante y no era alimento en ningún sentido estricto.

Väčšina kože bola dráždivá a v pravom zmysle slova to nebolo jedlo.

Y durante todo ese tiempo, Buck se tambaleaba al frente, como en una pesadilla.

A počas toho všetkého sa Buck potácal vpredu ako v nočnej mori.

Tiraba cuando podía, y cuando no, se quedaba tendido hasta que un látigo o un garrote lo levantaban.

Ťahal, keď mohol; keď nie, ležal, kým ho bič alebo palica nezodvihli.

Su fino y brillante pelaje había perdido toda la rigidez y brillo que alguna vez tuvo.

Jeho jemná, lesklá srsť stratila všetku svoju kedysi tuhosť a lesk.

Su cabello colgaba lacio, enmarañado y cubierto de sangre seca por los golpes.

Vlasy mu viseli ochabnuté, rozstrapatené a zrazené zaschnutou krvou z úderov.

Sus músculos se encogieron hasta convertirse en cuerdas y sus almohadillas de carne estaban todas desgastadas.

Jeho svaly sa scvrkli na šnúry a jeho kožné vankúšiky boli všetky zodraté.

Cada costilla, cada hueso se veía claramente a través de los pliegues de la piel arrugada.

Každé rebro, každá kosť jasne vykúkala cez záhyby zvráskavenej kože.

Fue desgarrador, pero el corazón de Buck no podía romperse.

Bolo to srdcervúce, no Buckovi sa srdce nemohlo zlomiť.

El hombre del suéter rojo lo había probado y demostrado hacía mucho tiempo.

Muž v červenom svetri to už dávno vyskúšal a dokázal.

Tal como sucedió con Buck, sucedió con el resto de sus compañeros de equipo.

Tak ako to bolo s Buckom, tak to bolo aj so všetkými jeho zostávajúcimi spoluhráčmi.

Eran siete en total, cada uno de ellos un esqueleto andante de miseria.

Bolo ich spolu sedem, každý z nich bol chodiacou kostrou nešťastia.

Se habían vuelto insensibles a los latigazos y solo sentían un dolor distante.

Znecitlivení boli na bičovanie a cítili len vzdialenú bolesť.

Incluso la vista y el sonido les llegaban débilmente, como a través de una espesa niebla.

Dokonca aj zrak a zvuk k nim doliehali slabo, akoby cez hustú hmlu.

No estaban ni medio vivos: eran huesos con tenues chispas en su interior.

Neboli napoly živé – boli to kosti s matnými iskrami vo vnútri.

Al detenerse, se desplomaron como cadáveres y sus chispas casi desaparecieron.

Keď sa zastavili, zrútili sa ako mŕtvoly, ich iskry takmer vyhasli.

Y cuando el látigo o el garrote volvían a golpear, las chispas revoloteaban débilmente.

A keď bič alebo palica udreli znova, iskry slabo zamihotali.

Entonces se levantaron, se tambalearon hacia adelante y arrastraron sus extremidades hacia delante.

Potom sa zdvihli, potácali sa dopredu a ťahali končatiny dopredu.

Un día el amable Billee se cayó y ya no pudo levantarse.

Jedného dňa milý Billee spadol a už sa vôbec nemohol postaviť.

Hal había cambiado su revólver, por lo que utilizó un hacha para matar a Billee.

Hal si vymenil revolver, a tak Billeeho zabil sekerou.

Lo golpeó en la cabeza, luego le cortó el cuerpo y se lo llevó arrastrado.

Udrel ho do hlavy, potom mu rozrezal telo a odvliekol ho preč.

Buck vio esto, y también los demás; sabían que la muerte estaba cerca.

Buck to videl a ostatní tiež; vedeli, že smrť je blízko.

Al día siguiente Koona se fue, dejando sólo cinco perros en el equipo hambriento.

Na druhý deň Koona odišiel a v hladujúcom záprahu zostalo len päť psov.

Joe, que ya no era malo, estaba demasiado perdido como para darse cuenta de gran cosa.

Joe, už nie zlý, bol príliš ďaleko na to, aby si čokoľvek uvedomoval.

Pike, que ya no fingía su lesión, estaba apenas consciente.

Pike, ktorý už nepredstieral zranenie, bol sotva pri vedomí.

Solleks, todavía fiel, lamentó no tener fuerzas para dar.

Solleks, stále verný, smútil, že nemá žiadnu silu, ktorú by mohol dať.

Teek fue el que más perdió porque estaba más fresco, pero su rendimiento se estaba agotando rápidamente.

Teeka porazili najviac, pretože bol sviežejší, ale rýchlo upadal.

Y Buck, todavía a la cabeza, ya no mantenía el orden ni lo hacía cumplir.

A Buck, stále na čele, už neudržiaval poriadok ani ho nevynucoval.

Medio ciego por la debilidad, Buck siguió el rastro sólo por el tacto.

Napoly slepý od slabosti, Buck sledoval stopu len hmatom.

Era un hermoso clima primaveral, pero ninguno de ellos lo notó.

Bolo krásne jarné počasie, ale nikto z nich si to nevšimol.

Cada día el sol salía más temprano y se ponía más tarde que el anterior.

Každý deň slnko vychádzalo skôr a zapadalo neskôr ako predtým.

A las tres de la mañana ya había amanecido; el crepúsculo duró hasta las nueve.

O tretej ráno nastal úsvit; súmrak trval do deviatej.

Los largos días estuvieron llenos del resplandor del sol primaveral.

Dlhé dni boli naplnené žiarou jarného slnka.

El silencio fantasmal del invierno se había transformado en un cálido murmullo.

Strašidelné ticho zimy sa zmenilo na teplý šum.

Toda la tierra estaba despertando, viva con la alegría de los seres vivos.

Celá krajina sa prebúdzala, oživala radosťou živých tvorov.

El sonido provenía de lo que había permanecido muerto e inmóvil durante el invierno.

Zvuk vychádzal z toho, čo ležalo mŕtve a nehybne počas zimy.

Ahora, esas cosas se movieron nuevamente, sacudiéndose el largo sueño helado.

Teraz sa tie veci opäť pohli a striasli zo seba dlhý mrazivý spánok.

La savia subía a través de los oscuros troncos de los pinos que esperaban.

Cez tmavé kmene čakajúcich borovíc stúpala miazga.

Los sauces y los álamos brotan brillantes y jóvenes brotes en cada ramita.

Vŕby a osiky na každej vetvičke vyrašili jasné mladé púčiky.

Los arbustos y las enredaderas se vistieron de un verde fresco a medida que el bosque cobraba vida.

Kry a vinič sa sfarbili do sviežej zelene, keď lesy ožili.

Los grillos cantaban por la noche y los insectos se arrastraban bajo el sol del día.

V noci štebotali cvrčky a na dennom slnku sa hemžili chrobáky.

Las perdices graznaban y los pájaros carpinteros picoteaban en lo profundo de los árboles.

Jarabice duneli a ďatle klopali hlboko v korunách stromov.

Las ardillas parloteaban, los pájaros cantaban y los gansos graznaban al hablarles a los perros.

Veveričky štebotali, vtáky spievali a husi húkali nad psami.

Las aves silvestres llegaron en grupos afilados, volando desde el sur.

Divoké vtáctvo sa prilietalo v ostrých klinoch od juhu.

De cada ladera llegaba la música de arroyos ocultos y caudalosos.

Z každého svahu sa ozývala hudba skrytých, zurčiacich potokov.

Todas las cosas se descongelaron y se rompieron, se doblaron y volvieron a ponerse en movimiento.

Všetko sa roztopilo, prasklo, ohlo a opäť sa dalo do pohybu.

El Yukón se esforzó por romper las frías cadenas del hielo congelado.

Yukon sa namáhal prelomiť chladné reťaze zamrznutého ľadu.

El hielo se derritió desde abajo, mientras que el sol lo derritió desde arriba.

Ľad sa topil zospodu, zatiaľ čo slnko ho topilo zhora.

Se abrieron agujeros de aire, se abrieron grietas y algunos trozos cayeron al río.

Otvorili sa vetracie otvory, rozšírili sa praskliny a kusy padali do rieky.

En medio de toda esta vida frenética y llameante, los viajeros se tambaleaban.

Uprostred všetkého toho kypiacej a planúcej smrti sa cestovatelia potácali.

Dos hombres, una mujer y una jauría de perros esquimales caminaban como muertos.

Dvaja muži, žena a svorka huskyov kráčali ako mŕtvi.

Los perros caían, Mercedes lloraba, pero seguía montando el trineo.

Psy padali, Mercedes plakala, ale stále jazdila na saniach.

Hal maldijo débilmente y Charles parpadeó con los ojos llorosos.

Hal slabo zaklial a Charles žmurkol slziacimi očami.

Se toparon con el campamento de John Thornton junto a la desembocadura del río Blanco.

Narazili na tábor Johna Thorntona pri ústí Bielej rieky.

Cuando se detuvieron, los perros cayeron al suelo, como si todos hubieran muerto.

Keď zastavili, psy padli na zem, akoby všetky uhynuli.

Mercedes se secó las lágrimas y miró a John Thornton.

Mercedes si utrela slzy a pozrela sa na Johna Thorntona.

Charles se sentó en un tronco, lenta y rígidamente, dolorido por el camino.

Karol sedel na kmeni, pomaly a strnulo, bolelo ho od cesty.

Hal habló mientras Thornton tallaba el extremo del mango de un hacha.

Hal hovoril, zatiaľ čo Thornton vyrezával koniec rukoväte sekery.

Él tallaba madera de abedul y respondía con respuestas breves y firmes.

Orezával brezové drevo a odpovedal stručne, rázne.

Cuando se le preguntó, dio consejos, seguro de que no serían seguidos.

Keď sa ho o to opýtali, dal radu, hoci si bol istý, že sa ňou nebude riadiť.

Hal explicó: "Nos dijeron que el hielo del sendero se estaba desprendiendo".

Hal vysvetlil: „Povedali nám, že sa ľad na chodníku topí."

Dijeron que nos quedáramos allí, pero llegamos a White River.

„Povedali, že by sme mali zostať tu – ale dostali sme sa do Bielej rieky."

Terminó con un tono burlón, como para proclamar la victoria en medio de las dificultades.

Skončil posmešným tónom, akoby si chcel nárokovať víťazstvo v ťažkostiach.

—Y te dijeron la verdad —respondió John Thornton a Hal en voz baja.

„A povedali ti pravdu," odpovedal John Thornton Halovi potichu.

"El hielo puede ceder en cualquier momento; está a punto de desprenderse".

„Ľad môže každú chvíľu povoliť – je pripravený vypadnúť."

"Solo la suerte ciega y los tontos pudieron haber llegado tan lejos con vida".

„Len slepé šťastie a blázni sa mohli dostať tak ďaleko preživší."

"Te lo digo directamente: no arriesgaría mi vida ni por todo el oro de Alaska".

„Hovorím ti na rovinu, neriskoval by som svoj život ani za všetko aljašské zlato."

—Supongo que es porque no eres tonto —respondió Hal.

„To preto, že nie si hlupák, predpokladám," odpovedal Hal.

—De todos modos, seguiremos hasta Dawson. —Desenrolló el látigo.

„Aj tak pôjdeme do Dawsonu." Rozmotal bič.

—¡Sube, Buck! ¡Hola! ¡Sube! ¡Vamos! —gritó con dureza.

„Vylez hore, Buck! Ahoj! Vstaň! No tak!" zakričal drsne.

Thornton siguió tallando madera, sabiendo que los tontos no escucharían razones.

Thornton ďalej rezbárčil, vediac, že blázni nepočujú rozum.

Detener a un tonto era inútil, y dos o tres tontos no cambiaban nada.

Zastaviť hlupáka bolo márne – a dvaja alebo traja hlupáci nič nezmenili.

Pero el equipo no se movió ante la orden de Hal.

Ale tím sa na zvuk Halovho rozkazu nepohol.

A estas alturas, sólo los golpes podían hacerlos levantarse y avanzar.

Teraz ich už len údery mohli prinútiť vstať a pohnúť sa vpred.

El látigo golpeó una y otra vez a los perros debilitados.

Bič znova a znova šľahal po oslabených psoch.

John Thornton apretó los labios con fuerza y observó en silencio.

John Thornton pevne stlačil pery a mlčky sledoval.

Solleks fue el primero en ponerse de pie bajo el látigo.

Solleks sa prvý pod bičom doplazil na nohy.

Entonces Teek lo siguió, temblando. Joe gritó al tambalearse.

Potom ho nasledoval Teek, trasúci sa. Joe vykríkol, keď sa potkol.

Pike intentó levantarse, falló dos veces y finalmente se mantuvo en pie, tambaleándose.

Pike sa pokúsil vstať, dvakrát nepodarilo sa mu to, potom sa nakoniec neisto postavil.

Pero Buck yacía donde había caído, sin moverse en absoluto este momento.

Ale Buck ležal tam, kde spadol, tentoraz sa vôbec nehýbal.

El látigo lo golpeaba una y otra vez, pero él no emitía ningún sonido.

Bič ho sekal znova a znova, ale nevydal ani hlásku.

Él no se inmutó ni se resistió, simplemente permaneció quieto y en silencio.

Nemykol sa ani sa nebránil, jednoducho zostal nehybný a tichý.

Thornton se movió más de una vez, como si fuera a hablar, pero no lo hizo.

Thornton sa viackrát pohol, akoby chcel prehovoriť, ale neurobil to.

Sus ojos se humedecieron y el látigo siguió golpeando contra Buck.

Oči mu zvlhli a bič stále šľahal po Buckovi.

Finalmente, Thornton comenzó a caminar lentamente, sin saber qué hacer.

Nakoniec Thornton začal pomaly prechádzať, neistý si, čo má robiť.

Era la primera vez que Buck fallaba y Hal se puso furioso.

Bolo to prvýkrát, čo Buck zlyhal, a Hal sa rozzúril.

Dejó el látigo y en su lugar tomó el pesado garrote.

Odhodil bič a namiesto toho zdvihol ťažký kyj.

El palo de madera cayó con fuerza, pero Buck todavía no se levantó para moverse.

Drevená palica tvrdo dopadla, ale Buck sa stále nepostavil, aby sa pohol.

Al igual que sus compañeros de equipo, era demasiado débil, pero más que eso.

Rovnako ako jeho spoluhráči, aj on bol príliš slabý – ale viac než len to.

Buck había decidido no moverse, sin importar lo que sucediera después.

Buck sa rozhodol nepohnúť sa, nech sa stane čokoľvek.

Sintió algo oscuro y seguro flotando justo delante.

Cítil, ako sa pred ním vznáša niečo temné a isté.

Ese miedo se apoderó de él tan pronto como llegó a la orilla del río.

Ten strach ho premohol hneď, ako dorazil na breh rieky.

La sensación no lo había abandonado desde que sintió el hielo fino bajo sus patas.

Ten pocit ho neopustil odvtedy, čo cítil, ako je ľad pod jeho labami tenký.

Algo terrible lo esperaba; lo sintió más allá del camino.

Čakalo naňho niečo hrozné – cítil to hneď za ním.

No iba a caminar hacia esa cosa terrible que había delante.

Nemienil kráčať k tej hroznej veci pred sebou.

Él no iba a obedecer ninguna orden que lo llevara a esa cosa.

Nemienil poslúchnuť žiadny príkaz, ktorý ho k tomu viedol.

El dolor de los golpes apenas lo afectaba ahora: estaba demasiado lejos.

Bolesť z úderov sa ho teraz takmer nedotýkala – bol už príliš zraniteľní.

La chispa de la vida parpadeaba débilmente y se apagaba bajo cada golpe cruel.

Iskra života slabo mihotala, tlmená pod každým krutým úderom.

Sus extremidades se sentían distantes; su cuerpo entero parecía pertenecer a otro.

Jeho končatiny sa zdali byť vzdialené; celé jeho telo akoby patrilo niekomu inému.

Sintió un extraño entumecimiento mientras el dolor desapareció por completo.

Pocítil zvláštne znecitlivenie, keď bolesť úplne ustúpila.

Desde lejos, sentía que lo golpeaban, pero apenas lo sabía.

Z diaľky cítil, že ho bijú, ale sotva si to uvedomoval.

Podía oír los golpes débilmente, pero ya no dolían realmente.

Slabo počul buchot, ale už ho v skutočnosti nebolel.

Los golpes dieron en el blanco, pero su cuerpo ya no parecía el suyo.

Údery dopadali, ale jeho telo sa už nezdalo byť jeho vlastné.

Entonces, de repente y sin previo aviso, John Thornton lanzó un grito salvaje.

Potom zrazu, bez varovania, John Thornton divokým hlasom vykríkol.

Era un grito inarticulado, más el grito de una bestia que el de un hombre.

Bolo to nezrozumiteľné, skôr krik zvieraťa než človeka.

Saltó hacia el hombre con el garrote y tiró a Hal hacia atrás.

Skočil na muža s palicou a zrazil Hala dozadu.

Hal voló como si lo hubiera golpeado un árbol y aterrizó con fuerza en el suelo.

Hal letel, akoby ho zrazil strom, a tvrdo pristál na zemi.

Mercedes gritó en pánico y se llevó las manos a la cara.

Mercedes nahlas vykríkla v panike a chytila sa za tvár.

Charles se limitó a mirar, se secó los ojos y permaneció sentado.

Karol sa len pozeral, utrel si oči a zostal sedieť.

Su cuerpo estaba demasiado rígido por el dolor para levantarse o ayudar en la pelea.

Jeho telo bolo príliš stuhnuté bolesťou, aby sa postavil alebo pomohol v boji.

Thornton se quedó de pie junto a Buck, temblando de furia, incapaz de hablar.

Thornton stál nad Buckom, trasúc sa od zúrivosti, neschopný hovoriť.

Se estremeció de rabia y luchó por encontrar su voz a través de ella.

Triasol sa od zúrivosti a snažil sa cez ňu prehovoriť.

—Si vuelves a golpear a ese perro, te mataré —dijo finalmente.

„Ak toho psa udrieš ešte raz, zabijem ťa," povedal nakoniec.

Hal se limpió la sangre de la boca y volvió a avanzar.

Hal si utrel krv z úst a znova pristúpil k nim.

—Es mi perro —murmuró—. ¡Quítate del medio o te curaré!

„Je to môj pes," zamrmlal. „Uhni mi z cesty, alebo ťa opravím."

"Voy a Dawson y no me lo vas a impedir", añadió.

„Idem do Dawsonu a ty ma nezastavíš," dodal.

Thornton se mantuvo firme entre Buck y el joven enojado.

Thornton stál pevne medzi Buckom a nahnevaným mladým mužom.

No tenía intención de hacerse a un lado o dejar pasar a Hal.

Nemal v úmysle ustúpiť ani nechať Hala prejsť.

Hal sacó su cuchillo de caza, largo y peligroso en la mano.

Hal vytiahol svoj poľovnícky nôž, dlhý a nebezpečný v ruke.

Mercedes gritó, luego lloró y luego rió con una histeria salvaje.

Mercedes kričala, potom plakala a potom sa divoko hystéricky smiala.

Thornton golpeó la mano de Hal con el mango de su hacha, fuerte y rápido.

Thornton udrel Hala do ruky rukoväťou sekery, silno a rýchlo.

El cuchillo se soltó del agarre de Hal y voló al suelo.

Nôž Halovi vypadol z ruky a spadol na zem.

Hal intentó recoger el cuchillo y Thornton volvió a golpearle los nudillos.

Hal sa pokúsil zdvihnúť nôž a Thornton si znova zabuchol kĺbmi prstov.

Entonces Thornton se agachó, agarró el cuchillo y lo sostuvo.

Potom sa Thornton zohol, schmatol nôž a držal ho.

Con dos rápidos golpes del mango del hacha, cortó las riendas de Buck.

Dvoma rýchlymi údermi rukoväte sekery preťal Buckovi opraty.

Hal ya no tenía fuerzas para luchar y se apartó del perro.

Hal v sebe nemal žiadnu bojovnosť a od psa cúvol.

Además, Mercedes necesitaba ahora ambos brazos para mantenerse erguida.

Okrem toho, Mercedes teraz potrebovala obe ruky, aby sa udržala vo vzpriamenej polohe.

Buck estaba demasiado cerca de la muerte como para volver a ser útil para tirar de un trineo.

Buck bol príliš blízko smrti, aby mohol znova ťahať sane.

Unos minutos después, se marcharon y se dirigieron río abajo.

O pár minút neskôr vyrazili a zamierili dolu riekou.

Buck levantó la cabeza débilmente y los observó mientras salían del banco.

Buck slabo zdvihol hlavu a sledoval, ako odchádzajú z banky.

Pike lideró el equipo, con Solleks en la parte trasera, al volante.

Pike viedol tím, Solleks bol vzadu na pozícii volantu.

Joe y Teek caminaron entre ellos, ambos cojeando por el cansancio.

Joe a Teek kráčali pomedzi, obaja krívali od vyčerpania.

Mercedes se sentó en el trineo y Hal agarró el largo palo.

Mercedes sedela na saniach a Hal sa držal dlhej výstužnej tyče.

Charles se tambaleó detrás, sus pasos torpes e inseguros.

Karol sa potkýnal za ním, jeho kroky boli nemotorné a neisté.

Thornton se arrodilló junto a Buck y buscó con delicadeza los huesos rotos.

Thornton si kľakol k Buckovi a jemne hľadal zlomené kosti.

Sus manos eran ásperas pero se movían con amabilidad y cuidado.

Jeho ruky boli drsné, ale pohybovali sa s láskavosťou a starostlivosťou.

El cuerpo de Buck estaba magullado pero no mostraba lesiones duraderas.

Buckovo telo bolo pomliaždené, ale nevykazovalo žiadne trvalé zranenia.

Lo que quedó fue un hambre terrible y una debilidad casi total.

Zostal len hrozný hlad a takmer úplná slabosť.

Cuando esto quedó claro, el trineo ya había avanzado mucho río abajo.

Kým sa to vyjasnilo, sane už boli ďaleko po prúde.

El hombre y el perro observaron cómo el trineo se deslizaba lentamente sobre el hielo agrietado.

Muž a pes sledovali, ako sa sane pomaly plazia po praskajúcom ľade.

Luego vieron que el trineo se hundía en un hueco.

Potom videli, ako sa sane prepadajú do priehlbiny.

El mástil voló hacia arriba, con Hal todavía aferrándose a él en vano.

Výstužná tyč vyletela hore, pričom sa jej Hal stále márne držal.

El grito de Mercedes les llegó a través de la fría distancia.

Mercedesin výkrik k nim doľahol cez chladnú diaľku.

Charles se giró y dio un paso atrás, pero ya era demasiado tarde.

Charles sa otočil a ustúpil – ale bolo už neskoro.

Una capa de hielo entera cedió y todos ellos cayeron al suelo.

Celý ľadový štít sa prepadol a všetci cez neho prepadli.

Los perros, los trineos y las personas desaparecieron en el agua negra que había debajo.

Psy, sane a ľudia zmizli v čiernej vode pod nimi.

En el hielo por donde habían pasado sólo quedaba un amplio agujero.

Tam, kde prešli, zostala v ľade len široká diera.

El sendero se había hundido por completo, tal como Thornton había advertido.

Spodná časť chodníka sa prepadla – presne ako Thornton varoval.

Thornton y Buck se miraron el uno al otro y guardaron silencio por un momento.

Thornton a Buck sa na seba pozreli a chvíľu mlčali.

—Pobre diablo —dijo Thornton suavemente, y Buck le lamió la mano.

„Ty chudák," povedal Thornton potichu a Buck mu olízal ruku.

Por el amor de un hombre
Z lásky k mužovi

John Thornton se congeló los pies en el frío del diciembre anterior.
Johnovi Thorntonovi v decembrovom chlade omrzli nohy.
Sus compañeros lo hicieron sentir cómodo y lo dejaron recuperarse solo.
Jeho partneri ho upokojili a nechali ho zotavovať sa samého.
Subieron al río para recoger una balsa de troncos para aserrar para Dawson.
Vyšli proti prúdu rieky, aby nazbierali kopu pílových kmeňov pre Dawsona.
Todavía cojeaba ligeramente cuando rescató a Buck de la muerte.
Keď zachránil Bucka pred smrťou, stále mierne kríval.
Pero como el clima cálido continuó, incluso esa cojera desapareció.
Ale s pretrvávajúcim teplým počasím zmizlo aj to krívanie.
Durante los largos días de primavera, Buck descansaba a orillas del río.
Počas dlhých jarných dní ležal Buck na brehu rieky a odpočíval.
Observó el agua fluir y escuchó a los pájaros y a los insectos.
Sledoval tečúcu vodu a počúval vtáky a hmyz.
Lentamente, Buck recuperó su fuerza bajo el sol y el cielo.
Buck pomaly naberal silu pod slnkom a oblohou.
Un descanso fue maravilloso después de viajar tres mil millas.
Oddych bol úžasný po precestovaní troch tisíc míľ.
Buck se volvió perezoso a medida que sus heridas sanaban y su cuerpo se llenaba.
Buck sa stal lenivým, ako sa mu hojili rany a telo sa mu vyplňalo.
Sus músculos se reafirmaron y la carne volvió a cubrir sus huesos.
Jeho svaly spevneli a mäso sa vrátilo, aby mu pokrylo kosti.

Todos estaban descansando: Buck, Thornton, Skeet y Nig.
Všetci odpočívali – Buck, Thornton, Skeet a Nig.
Esperaron la balsa que los llevaría a Dawson.
Čakali na plť, ktorá ich mala odviezť do Dawsonu.
Skeet era un pequeño setter irlandés que se hizo amigo de Buck.
Skeet bol malý írsky seter, ktorý sa spriatelil s Buckom.
Buck estaba demasiado débil y enfermo para resistirse a ella en su primer encuentro.
Buck bol príliš slabý a chorý, aby jej pri ich prvom stretnutí odolal.
Skeet tenía el rasgo de sanador que algunos perros poseen naturalmente.
Skeet mal liečiteľskú vlastnosť, ktorú niektoré psy prirodzene majú.
Como una gata madre, lamió y limpió las heridas abiertas de Buck.
Ako mama mačka olizovala a čistila Buckove zapálené rany.
Todas las mañanas, después del desayuno, repetía su minucioso trabajo.
Každé ráno po raňajkách opakovala svoju starostlivú prácu.
Buck llegó a esperar su ayuda tanto como la de Thornton.
Buck očakával jej pomoc rovnako ako Thorntonovu.
Nig también era amigable, pero menos abierto y menos cariñoso.
Nig bol tiež priateľský, ale menej otvorený a menej prítulný.
Nig era un perro grande y negro, mitad sabueso y mitad lebrel.
Nig bol veľký čierny pes, čiastočne bloodhound a čiastočne deerhound.
Tenía ojos sonrientes y un espíritu bondadoso sin límites.
Mal smejúce sa oči a v duši nekonečnú dobrosrdečnosť.
Para sorpresa de Buck, ninguno de los perros mostró celos hacia él.
Na Buckovo prekvapenie ani jeden pes neprejavil voči nemu žiarlivosť.

Tanto Skeet como Nig compartieron la amabilidad de John Thornton.

Skeet aj Nig zdieľali láskavosť Johna Thorntona.

A medida que Buck se hacía más fuerte, lo atrajeron hacia juegos de perros tontos.

Ako Buck silnel, lákali ho na hlúpe psie hry.

Thornton también jugaba a menudo con ellos, incapaz de resistirse a su alegría.

Thornton sa s nimi tiež často hrával, neschopný odolať ich radosti.

De esta manera lúdica, Buck pasó de la enfermedad a una nueva vida.

Takto hravou formou sa Buck prepracoval z choroby do nového života.

El amor, el amor verdadero, ardiente y apasionado, finalmente era suyo.

Láska – pravá, horiaca a vášnivá láska – bola konečne jeho.

Nunca había conocido ese tipo de amor en la finca de Miller.

Na Millerovom panstve nikdy nepoznal takúto lásku.

Con los hijos del Juez había compartido trabajo y aventuras.

So sudcovými synmi zdieľal prácu a dobrodružstvo.

En los nietos vio un orgullo rígido y jactancioso.

U vnukov videl strnulú a chvastavú pýchu.

Con el propio juez Miller mantuvo una amistad respetuosa.

So samotným sudcom Millerom mal úctivé priateľstvo.

Pero el amor que era fuego, locura y adoración llegó con Thornton.

Ale láska, ktorá bola ohňom, šialenstvom a uctievaním, prišla s Thorntonom.

Este hombre había salvado la vida de Buck, y eso solo significaba mucho.

Tento muž zachránil Buckovi život a už len to samo o sebe veľa znamenalo.

Pero más que eso, John Thornton era el tipo de maestro ideal.

Ale viac než to, John Thornton bol ideálnym typom majstra.

Otros hombres cuidaban perros por obligación o necesidad laboral.

Iní muži sa starali o psy z povinnosti alebo pracovnej nevyhnutnosti.

John Thornton cuidaba a sus perros como si fueran sus hijos.

John Thornton sa staral o svoje psy, akoby boli jeho deti.

Él se preocupaba por ellos porque los amaba y simplemente no podía evitarlo.

Staral sa o nich, pretože ich miloval a jednoducho si nemohol pomôcť.

John Thornton vio incluso más lejos de lo que la mayoría de los hombres lograron ver.

John Thornton videl ešte ďalej, než väčšina mužov kedy dokázala vidieť.

Nunca se olvidó de saludarlos amablemente o decirles alguna palabra de aliento.

Nikdy nezabudol ich milo pozdraviť alebo povedať povzbudivé slovo.

Le encantaba sentarse con los perros para tener largas charlas, o "gases", como él decía.

Miloval dlhé rozhovory so psami, alebo ako hovoril, „nadýchaný".

Le gustaba agarrar bruscamente la cabeza de Buck entre sus fuertes manos.

Rád hrubo chytal Bucka za hlavu svojimi silnými rukami.

Luego apoyó su cabeza contra la de Buck y lo sacudió suavemente.

Potom si oprel hlavu o Buckovu a jemne ňou potriasol.

Mientras tanto, él llamaba a Buck con nombres groseros que significaban amor para Buck.

Celý čas Buckovi nadával hrubými slovami, ktoré pre Bucka znamenali lásku.

Para Buck, ese fuerte abrazo y esas palabras le trajeron una profunda alegría.

Buckovi to drsné objatie a tie slová priniesli hlbokú radosť.

Su corazón parecía latir con fuerza de felicidad con cada movimiento.

Zdalo sa, že mu srdce pri každom pohybe búši od šťastia.

Cuando se levantó de un salto, su boca parecía como si se estuviera riendo.

Keď potom vyskočil, jeho ústa vyzerali, akoby sa smiali.

Sus ojos brillaban intensamente y su garganta temblaba con una alegría tácita.

Jeho oči jasne žiarili a hrdlo sa mu triaslo od nevyslovenej radosti.

Su sonrisa se detuvo en ese estado de emoción y afecto resplandeciente.

Jeho úsmev v tom stave emócií a žiariacej náklonnosti nehybne stával.

Entonces Thornton exclamó pensativo: "¡Dios! ¡Casi puede hablar!"

Vtedy Thornton zamyslene zvolal: „Bože! Veď vie takmer hovoriť!"

Buck tenía una extraña forma de expresar amor que casi causaba dolor.

Buck mal zvláštny spôsob vyjadrovania lásky, ktorý mu takmer spôsoboval bolesť.

A menudo apretaba muy fuerte la mano de Thornton entre los dientes.

Často veľmi pevne zvieral Thorntonovu ruku v zuboch.

La mordedura iba a dejar marcas profundas que permanecerían durante algún tiempo.

Uhryznutie malo zanechať hlboké stopy, ktoré zostali nejaký čas potom.

Buck creía que esos juramentos eran de amor y Thornton lo sabía también.

Buck veril, že tie prísahy sú láska a Thornton vedel to isté.

La mayoría de las veces, el amor de Buck se demostraba en una adoración silenciosa, casi silenciosa.

Buckova láska sa najčastejšie prejavovala v tichom, takmer tichom zbožňovaní.

Aunque se emocionaba cuando lo tocaban o le hablaban, no buscaba atención.

Hoci sa ho tešilo, keď sa ho dotýkali alebo sa naňho rozprávali, nevyhľadával pozornosť.

Skeet empujó su nariz bajo la mano de Thornton hasta que él la acarició.

Skeet si strčila ňufák pod Thorntonovu ruku, kým ju nepohladil.

Nig se acercó en silencio y apoyó su gran cabeza en la rodilla de Thornton.

Nig potichu prišiel a položil si veľkú hlavu na Thorntonovo koleno.

Buck, por el contrario, se conformaba con amar desde una distancia respetuosa.

Buck sa naopak uspokojil s láskou z úctivého odstupu.

Durante horas permaneció tendido a los pies de Thornton, alerta y observando atentamente.

Hodiny ležal Thorntonovi pri nohách, ostražitý a pozorne sledoval.

Buck estudió cada detalle del rostro de su amo y su más mínimo movimiento.

Buck študoval každý detail tváre svojho pána a jeho najmenší pohyb.

O yacía más lejos, estudiando la figura del hombre en silencio.

Alebo klamal ďalej a mlčky skúmal mužovu postavu.

Buck observó cada pequeño movimiento, cada cambio de postura o gesto.

Buck sledoval každý malý pohyb, každú zmenu postoja alebo gesta.

Tan poderosa era esta conexión que a menudo atraía la mirada de Thornton.

Toto spojenie bolo také silné, že často priťahovalo Thorntonov pohľad.

Sostuvo la mirada de Buck sin palabras, pero el amor brillaba claramente a través de ella.

Bez slov sa stretol s Buckovými očami, z ktorých jasne žiarila láska.

Durante mucho tiempo después de ser salvado, Buck nunca perdió de vista a Thornton.

Dlho po tom, čo bol zachránený, Buck nespustil Thorntona z dohľadu.

Cada vez que Thornton salía de la tienda, Buck lo seguía de cerca afuera.

Vždy, keď Thornton opustil stan, Buck ho tesne nasledoval von.

Todos los amos severos de las Tierras del Norte habían hecho que Buck tuviera miedo de confiar.

Všetci tí drsní páni na Severe spôsobili, že sa Buck bál dôverovať.

Temía que ningún hombre pudiera seguir siendo su amo durante más de un corto tiempo.

Bál sa, že nikto nemôže zostať jeho pánom dlhšie ako krátky čas.

Temía que John Thornton desapareciera como Perrault y François.

Bál sa, že John Thornton zmizne ako Perrault a François.

Incluso por la noche, el miedo a perderlo acechaba el sueño inquieto de Buck.

Aj v noci Bucka prenasledoval strach zo straty, keď spal.

Cuando Buck se despertó, salió a escondidas al frío y fue a la tienda de campaña.

Keď sa Buck zobudil, vykradol sa do chladu a išiel k stanu.

Escuchó atentamente el suave sonido de la respiración en su interior.

Pozorne načúval, či nezačuje jemné dýchanie vo svojom vnútri.

A pesar del profundo amor de Buck por John Thornton, lo salvaje siguió vivo.

Napriek Buckovej hlbokej láske k Johnovi Thorntonovi divočina prežila.

Ese instinto primitivo, despertado en el Norte, no desapareció.

Ten primitívny inštinkt, prebudený na Severe, nezmizol.

El amor trajo devoción, lealtad y el cálido vínculo del fuego.

Láska priniesla oddanosť, vernosť a vrúcne puto pri ohni.

Pero Buck también mantuvo sus instintos salvajes, agudos y siempre alerta.

Buck si však zachoval aj svoje divoké inštinkty, bystré a vždy v strehu.

No era sólo una mascota domesticada de las suaves tierras de la civilización.

Nebol len skroteným domácim miláčikom z mäkkých krajín civilizácie.

Buck era un ser salvaje que había venido a sentarse junto al fuego de Thornton.

Buck bol divoký tvor, ktorý si prišiel sadnúť k Thorntonovmu ohňu.

Parecía un perro del Sur, pero en su interior vivía lo salvaje.

Vyzeral ako pes z Juhu, ale v ňom žila divokosť.

Su amor por Thornton era demasiado grande como para permitirle robarle algo.

Jeho láska k Thorntonovi bola príliš veľká na to, aby mu dovolila ukradnúť ho.

Pero en cualquier otro campamento, robaría con valentía y sin pausa.

Ale v ktoromkoľvek inom tábore by kradol smelo a bez prestávky.

Era tan astuto al robar que nadie podía atraparlo ni acusarlo.

Bol taký šikovný v krádeži, že ho nikto nemohol chytiť ani obviniť.

Su rostro y su cuerpo estaban cubiertos de cicatrices de muchas peleas pasadas.

Jeho tvár a telo boli pokryté jazvami z mnohých minulých bitiek.

Buck seguía luchando con fiereza, pero ahora luchaba con más astucia.

Buck stále bojoval zúrivo, ale teraz bojoval prefíkanejšie.

Skeet y Nig eran demasiado amables para pelear, y eran de Thornton.

Skeet a Nig boli príliš jemní na to, aby sa s nimi bili, a patrili Thorntonovi.

Pero cualquier perro extraño, por fuerte o valiente que fuese, cedía.

Ale každý cudzí pes, bez ohľadu na to, aký bol silný alebo statočný, ustúpil.

De lo contrario, el perro se encontraría luchando contra Buck; luchando por su vida.

Inak sa pes ocitol v situácii, keď bojoval s Buckom; bojoval o svoj život.

Buck no tuvo piedad una vez que decidió pelear contra otro perro.

Buck nemal zľutovanie, keď sa rozhodol bojovať s iným psom.

Había aprendido bien la ley del garrote y el colmillo en las Tierras del Norte.

Dobre sa naučil zákon kyja a tesáka na Severe.

Él nunca renunció a una ventaja y nunca se retractó de la batalla.

Nikdy sa nevzdal výhody a nikdy neustúpil z boja.

Había estudiado a los Spitz y a los perros más feroces del correo y de la policía.

Študoval Špicov a najzúrivejších poštových a policajných psov.

Sabía claramente que no había término medio en un combate salvaje.

Jasne vedel, že v divokom boji niet strednej cesty.

Él debía gobernar o ser gobernado; mostrar misericordia significaba mostrar debilidad.

Musel vládnuť, alebo byť ovládaný; prejaviť milosrdenstvo znamenalo prejaviť slabosť.

Mercy era una desconocida en el crudo y brutal mundo de la supervivencia.

V surovom a brutálnom svete prežitia bolo milosrdenstvo neznáme.

Mostrar misericordia era visto como miedo, y el miedo conducía rápidamente a la muerte.

Prejav milosrdenstva sa vnímal ako strach a strach rýchlo viedol k smrti.

La antigua ley era simple: matar o ser asesinado, comer o ser comido.

Starý zákon bol jednoduchý: zabi alebo budeš zabitý, zjedz alebo budeš zjedený.

Esa ley vino desde las profundidades del tiempo, y Buck la siguió plenamente.

Tento zákon pochádzal z hlbín času a Buck sa ním plne riadil.

Buck era mayor que su edad y el número de respiraciones que tomaba.

Buck bol starší na svoj vek a na počet nádychov, ktoré zhlboka vydýchol.

Conectó claramente el pasado antiguo con el momento presente.

Jasne spojil dávnu minulosť so súčasnosťou.

Los ritmos profundos de las épocas lo atravesaban como mareas.

Hlboké rytmy vekov sa ním preháňali ako príliv a odliv.

El tiempo latía en su sangre con la misma seguridad con la que las estaciones movían la tierra.

Čas mu pulzoval v krvi rovnako isto, ako ročné obdobia hýbali Zemou.

Se sentó junto al fuego de Thornton, con el pecho fuerte y los colmillos blancos.

Sedel pri Thorntonovom ohni, so silnou hruďou a bielymi tesákmi.

Su largo pelaje ondeaba, pero detrás de él los espíritus de los perros salvajes observaban.

Jeho dlhá srsť viala, ale za ním ho pozorovali duchovia divých psov.

Lobos medio y lobos completos se agitaron dentro de su corazón y sus sentidos.

V jeho srdci a zmysloch sa prebúdzali poloviční vlci a praví vlci.

Probaron su carne y bebieron la misma agua que él.

Ochutnali jeho mäso a pili tú istú vodu ako on.

Olfatearon el viento junto a él y escucharon el bosque.

Vdychovali vietor vedľa neho a načúvali lesu.

Susurraron los significados de los sonidos salvajes en la oscuridad.

Šepkali významy divokých zvukov v tme.

Ellos moldearon sus estados de ánimo y guiaron cada una de sus reacciones tranquilas.

Formovali jeho nálady a usmerňovali každú z jeho tichých reakcií.

Se quedaron con él mientras dormía y se convirtieron en parte de sus sueños más profundos.

Ležali s ním, keď spal, a stali sa súčasťou jeho hlbokých snov.

Soñaron con él, más allá de él, y constituyeron su propio espíritu.

Snívali s ním, prevyšovali ho a tvorili jeho samotnú dušu.

Los espíritus de la naturaleza llamaron con tanta fuerza que Buck se sintió atraído.

Duchovia divočiny volali tak silno, že Buck sa cítil pritiahnutý.

Cada día, la humanidad y sus reivindicaciones se debilitaban más en el corazón de Buck.

Ľudstvo a jeho nároky v Buckovom srdci každým dňom slabli.

En lo profundo del bosque, un llamado extraño y emocionante estaba por surgir.

Hlboko v lese sa malo ozvať zvláštne a vzrušujúce volanie.

Cada vez que escuchaba el llamado, Buck sentía un impulso que no podía resistir.

Zakaždým, keď Buck počul volanie, pocítil nutkanie, ktorému nemohol odolať.

Él iba a alejarse del fuego y de los caminos humanos trillados.

Chcel sa odvrátiť od ohňa a odvrátiť sa od vychodených ľudských ciest.

Iba a adentrarse en el bosque, avanzando sin saber por qué.

Chcel sa vrhnúť do lesa, ísť vpred bez toho, aby vedel prečo.

Él no cuestionó esta atracción porque el llamado era profundo y poderoso.

Nespochybňoval túto príťažlivosť, pretože volanie bolo hlboké a silné.

A menudo, alcanzaba la sombra verde y la tierra suave e intacta.

Často dosahoval zelený tieň a mäkkú nedotknutú zem

Pero entonces el fuerte amor por John Thornton lo atrajo de nuevo al fuego.

Ale potom ho silná láska k Johnovi Thorntonovi pritiahla späť k ohňu.

Sólo John Thornton realmente pudo sostener en sus manos el corazón salvaje de Buck.

Iba John Thornton skutočne držal Buckovo divoké srdce vo svojom zovretí.

El resto de la humanidad no tenía ningún valor o significado duradero para Buck.

Zvyšok ľudstva nemal pre Bucka žiadnu trvalú hodnotu ani význam.

Los extraños podrían elogiarlo o acariciar su pelaje con manos amistosas.

Cudzinci ho môžu chváliť alebo priateľsky hladiť jeho srsť rukami.

Buck permaneció impasible y se alejó por demasiado afecto.

Buck zostal nepohnutý a odišiel z priveľa náklonnosti.

Hans y Pete llegaron con la balsa que habían esperado durante tanto tiempo.

Hans a Pete dorazili s dlho očakávaným raftom.

Buck los ignoró hasta que supo que estaban cerca de Thornton.

Buck ich ignoroval, kým sa nedozvedel, že sú blízko Thorntona.

Después de eso, los toleró, pero nunca les mostró total calidez.

Potom ich toleroval, ale nikdy im neprejavil plnú vrúcnosť.

Él aceptaba comida o gentileza de ellos como si les estuviera haciendo un favor.

Prijal od nich jedlo alebo láskavosť, akoby im preukázal láskavosť.

Eran como Thornton: sencillos, honestos y claros en sus pensamientos.

Boli ako Thornton – jednoduchí, čestní a s jasnými myšlienkami.

Todos juntos viajaron al aserradero de Dawson y al gran remolino.

Všetci spolu cestovali k Dawsonovej píle a k veľkému víru

En su viaje aprendieron a comprender profundamente la naturaleza de Buck.

Počas svojej cesty sa naučili hlboko pochopiť Buckovu povahu.

No intentaron acercarse como lo habían hecho Skeet y Nig.

Nesnažili sa zblížiť ako to urobili Skeet a Nig.

Pero el amor de Buck por John Thornton solo se profundizó con el tiempo.

Buckova láska k Johnovi Thorntonovi sa však časom len prehlbovala.

Sólo Thornton podía colocar una mochila en la espalda de Buck en el verano.

Iba Thornton dokázal v lete položiť Buckovi na chrbát batoh.

Cualquiera que fuera lo que Thornton ordenaba, Buck estaba dispuesto a hacerlo a cabalidad.

Čokoľvek Thornton prikázal, Buck bol ochotný splniť bezvýhradne.

Un día, después de que dejaron Dawson hacia las cabeceras del río Tanana,

Jedného dňa, po tom, čo odišli z Dawsonu a zamierili k prameňom rieky Tanana,

El grupo se sentó en un acantilado que caía un metro hasta el lecho rocoso desnudo.

Skupina sedela na útese, ktorý siahal asi meter k holému skalnému podložiu.

John Thornton se sentó cerca del borde y Buck descansó a su lado.

John Thornton sedel blízko okraja a Buck odpočíval vedľa neho.

Thornton tuvo una idea repentina y llamó la atención de los hombres.

Thorntona zrazu napadla myšlienka a upútal pozornosť mužov.

Señaló hacia el otro lado del abismo y le dio a Buck una única orden.

Ukázal cez priepasť a dal Buckovi jediný rozkaz.

—¡Salta, Buck! —dijo, extendiendo el brazo por encima del precipicio.

„Skoč, Buck!" povedal a vystrel ruku cez priepasť.

En un momento, tuvo que agarrar a Buck, quien estaba saltando para obedecer.

O chvíľu musel chytiť Bucka, ktorý sa rozbehol, aby ho poslúchol.

Hans y Pete corrieron hacia adelante y los pusieron a ambos a salvo.

Hans a Pete sa rozbehli dopredu a odtiahli oboch späť do bezpečia.

Cuando todo terminó y recuperaron el aliento, Pete habló.

Keď sa všetko skončilo a oni si vydýchli, prehovoril Pete.

"El amor es extraño", dijo, conmocionado por la feroz devoción del perro.

„Láska je zvláštna," povedal, otrasený psiou prudkou oddanosťou.

Thornton meneó la cabeza y respondió con seriedad y calma.

Thornton pokrútil hlavou a odpovedal s pokojnou vážnosťou.

"No, el amor es espléndido", dijo, "pero también terrible".

„Nie, láska je skvelá," povedal, „ale aj hrozná."

"A veces, debo admitirlo, este tipo de amor me da miedo".

„Niekedy musím priznať, že tento druh lásky ma bojí."

Pete asintió y dijo: "Odiaría ser el hombre que te toque".

Pete prikývol a povedal: „Nerád by som bol ten muž, ktorý sa ťa dotkne."

Miró a Buck mientras hablaba, serio y lleno de respeto.

Pri rozprávaní sa pozrel na Bucka, vážne a plné úcty.

—¡Py Jingo! —dijo Hans rápidamente—. Yo tampoco, señor.

„Py Jingo!" povedal Hans rýchlo. „Ani ja, nie, pane."

Antes de que terminara el año, los temores de Pete se hicieron realidad en Circle City.

Pred koncom roka sa Peteove obavy v Circle City naplnili.

Un hombre cruel llamado Black Burton provocó una pelea en el bar.

Krutý muž menom Black Burton sa v bare pobil.

Estaba enojado y malicioso, arremetiendo contra un nuevo novato.

Bol nahnevaný a zlomyseľný a útočil na nového štedronožca.

John Thornton entró en escena, tranquilo y afable como siempre.

Vstúpil John Thornton, pokojný a dobrosrdečný ako vždy.

Buck yacía en un rincón, con la cabeza gacha, observando a Thornton de cerca.

Buck ležal v kúte so sklonenou hlavou a pozorne sledoval Thorntona.

Burton atacó de repente, y su puñetazo hizo que Thornton girara.

Burton náhle udrel a jeho päsťou sa Thornton zatočil.

Sólo la barandilla de la barra evitó que se estrellara con fuerza contra el suelo.

Iba zábradlie hrazdy ho zabránilo tvrdo spadnúť na zem.

Los observadores oyeron un sonido que no era un ladrido ni un aullido.

Pozorovatelia počuli zvuk, ktorý nebol štekanie ani kňučanie

Un rugido profundo salió de Buck mientras se lanzaba hacia el hombre.

Buck sa ozval hlboký rev, keď sa vrhol k mužovi.

Burton levantó el brazo y apenas salvó su vida.

Burton zdvihol ruku a ledva si zachránil život.

Buck se estrelló contra él y lo tiró al suelo.

Buck doňho narazil a zrazil ho na zem.

Buck mordió profundamente el brazo del hombre y luego se abalanzó sobre su garganta.

Buck sa hlboko zahryzol do mužovej ruky a potom sa vrhol na hrdlo.

Burton sólo pudo bloquearlo parcialmente y su cuello quedó destrozado.

Burton dokázal blokovať len čiastočne a mal roztrhnutý krk.

Los hombres se apresuraron a entrar, con los garrotes en alto, y apartaron a Buck del hombre sangrante.

Muži vtrhli dnu so zdvihnutými obuškami a odohnali Bucka od krvácajúceho muža.

Un cirujano trabajó rápidamente para detener la fuga de sangre.

Chirurg rýchlo zastavil vytekanie krvi.

Buck caminaba de un lado a otro y gruñía, intentando atacar una y otra vez.

Buck prechádzal sem a tam a vrčal a pokúšal sa zaútočiť znova a znova.

Sólo los golpes con los palos le impidieron llegar hasta Burton.

Iba rozhodujúce sa palice mu zabránili dostať sa k Burtonovi.

Allí mismo se convocó y celebró una asamblea de mineros.

Bola zvolaná a na mieste sa konala banícka porada.

Estuvieron de acuerdo en que Buck había sido provocado y votaron por liberarlo.

Zhodli sa, že Buck bol vyprovokovaný a hlasovali za jeho prepustenie.

Pero el feroz nombre de Buck ahora resonaba en todos los campamentos de Alaska.

Ale Buckovo divoké meno sa teraz ozývalo v každom tábore na Aljaške.

Más tarde ese otoño, Buck salvó a Thornton nuevamente de una nueva manera.

Neskôr na jeseň Buck opäť zachránil Thorntona novým spôsobom.

Los tres hombres guiaban un bote largo por rápidos agitados.

Traja muži viedli dlhý čln po rozbúrených perejách.

Thornton tripulaba el bote, gritando instrucciones para llegar a la costa.

Thornton riadil čln a volal pokyny k pobrežiu.

Hans y Pete corrieron por la tierra, sosteniendo una cuerda de árbol a árbol.

Hans a Pete bežali po súši a držali lano pretiahnuté od stromu k stromu.

Buck seguía el ritmo en la orilla, siempre observando a su amo.

Buck držal krok na brehu a stále sledoval svojho pána.

En un lugar desagradable, las rocas sobresalían bajo el agua rápida.

Na jednom nepríjemnom mieste vytŕčali skaly pod rýchlou vodou.

Hans soltó la cuerda y Thornton dirigió el bote hacia otro lado.

Hans pustil lano a Thornton otočil loď do strany.

Hans corrió para alcanzar el barco nuevamente más allá de las rocas peligrosas.

Hans šprintoval, aby znova dobehol loď popri nebezpečných skalách.

El barco superó la cornisa pero se topó con una parte más fuerte de la corriente.

Loď síce prešla cez rímsu, ale narazila do silnejšej časti prúdu.

Hans agarró la cuerda demasiado rápido y desequilibró el barco.

Hans príliš rýchlo chytil lano a vyviedol loď z rovnováhy.

El barco se volcó y se estrelló contra la orilla, boca abajo.

Loď sa prevrátila a narazila do brehu, dnom nahor.

Thornton fue arrojado y arrastrado hacia la parte más salvaje del agua.

Thorntona vymrštilo a strhlo do najdivokejšej časti vody.

Ningún nadador habría podido sobrevivir en esas aguas turbulentas y mortales.

Žiaden plavec by v tých smrteľne rýchlych vodách neprežil.

Buck saltó instantáneamente y persiguió a su amo río abajo.

Buck okamžite skočil a prenasledoval svojho pána dolu riekou.

Después de trescientos metros, llegó por fin a Thornton.

Po tristo yardoch konečne dorazil do Thorntonu.

Thornton agarró la cola de Buck y Buck se giró hacia la orilla.

Thornton chytil Bucka za chvost a Buck sa otočil k brehu.

Nadó con todas sus fuerzas, luchando contra el arrastre salvaje del agua.

Plával z plnej sily a bojoval s divokým odporom vody.

Se movieron río abajo más rápido de lo que podían llegar a la orilla.

Pohybovali sa po prúde rýchlejšie, ako sa stihli dostať k brehu.

Más adelante, el río rugía cada vez más fuerte mientras caía en rápidos mortales.

Pred nimi rieka hučala hlasnejšie, keď sa rútila do smrteľných perejí.

Las rocas cortaban el agua como los dientes de un peine enorme.

Skaly prerezávali vodu ako zuby obrovského hrebeňa.

La atracción del agua cerca de la caída era salvaje e ineludible.

Príťažlivosť vody blízko priepasti bola prudká a neodolateľná.

Thornton sabía que nunca podrían llegar a la costa a tiempo.

Thornton vedel, že sa im nikdy nepodarí dostať na breh včas.

Raspó una roca, se estrelló contra otra,

Škriabal o jeden kameň, narazil o druhý,

Y entonces se estrelló contra una tercera roca, agarrándola con ambas manos.

A potom narazil do tretej skaly a chytil sa jej oboma rukami.

Soltó a Buck y gritó por encima del rugido: "¡Vamos, Buck! ¡Vamos!".

Pustil Bucka a zakričal cez rev: „Do toho, Buck! Do toho!"

Buck no pudo mantenerse a flote y fue arrastrado por la corriente.

Buck sa nedokázal udržať na hladine a strhol ho prúd.

Luchó con todas sus fuerzas, intentando girar, pero no consiguió ningún progreso.

Tvrdo bojoval, snažil sa otočiť, ale vôbec sa nepohol.

Entonces escuchó a Thornton repetir la orden por encima del rugido del río.

Potom počul Thorntona opakovať rozkaz cez hukot rieky.

Buck salió del agua y levantó la cabeza como para echar una última mirada.

Buck sa vynoril z vody a zdvihol hlavu, akoby sa naňho chcel naposledy pozrieť.

Luego se giró y obedeció, nadando hacia la orilla con resolución.

potom sa otočil, poslúchol a odhodlane plával k brehu.

Pete y Hans lo sacaron a tierra en el último momento posible.

Pete a Hans ho vytiahli na breh v poslednej možnej chvíli.

Sabían que Thornton podría aferrarse a la roca sólo por unos minutos más.

Vedeli, že Thornton sa skaly vydrží držať už len pár minút.

Corrieron por la orilla hasta un lugar mucho más arriba de donde estaba colgado.

Vybehli hore brehom k miestu vysoko nad miestom, kde visel.

Ataron la cuerda del bote al cuello y los hombros de Buck con cuidado.

Opatrne priviazali Buckovi lano z lode k krku a pleciam.

La cuerda estaba ajustada pero lo suficientemente suelta para permitir la respiración y el movimiento.

Lano bolo priliehavé, ale dostatočne voľné na dýchanie a pohyb.

Luego lo lanzaron nuevamente al caudaloso y mortal río.

Potom ho znova spustili do zurčiaceho, smrtiacej rieky.

Buck nadó con valentía, pero perdió su ángulo debido a la fuerza de la corriente.

Buck smelo plával, ale minul svoj uhol v sile prúdu.

Se dio cuenta demasiado tarde de que iba a dejar atrás a Thornton.

Príliš neskoro si uvedomil, že Thorntona minie.

Hans tiró de la cuerda con fuerza, como si Buck fuera un barco que se hundía.

Hans trhol lanom, akoby Buck bol prevrátená loď.

La corriente lo arrastró hacia abajo y desapareció bajo la superficie.

Prúd ho stiahol pod hladinu a on zmizol.

Su cuerpo chocó contra el banco antes de que Hans y Pete pudieran sacarlo.

Jeho telo narazilo do brehu skôr, ako ho Hans a Pete vytiahli von.

Estaba medio ahogado y le sacaron el agua a golpes.

Bol napoly utopený a vytĺkli z neho vodu.

Buck se puso de pie, se tambaleó y volvió a desplomarse en el suelo.

Buck sa postavil, zatackal sa a znova sa zrútil na zem.

Entonces oyeron la voz de Thornton llevada débilmente por el viento.

Potom začuli Thorntonov hlas slabo unášaný vetrom.

Aunque las palabras no eran claras, sabían que estaba cerca de morir.

Hoci slová boli nejasné, vedeli, že je blízko smrti.

El sonido de la voz de Thornton golpeó a Buck como una sacudida eléctrica.

Zvuk Thorntonovho hlasu zasiahol Bucka ako elektrický šok.

Saltó y corrió por la orilla, regresando al punto de lanzamiento.

Vyskočil a rozbehol sa hore brehom, späť k miestu štartu.

Nuevamente ataron la cuerda a Buck, y nuevamente entró al arroyo.

Znova priviazali Bucka lano a on opäť vošiel do potoka.

Esta vez nadó directo y firmemente hacia el agua que palpitaba.

Tentoraz plával priamo a pevne do prúdiacej vody.

Hans soltó la cuerda con firmeza mientras Pete evitaba que se enredara.

Hans pomaly púšťal lano, zatiaľ čo Pete ho bránil zamotať sa.

Buck nadó con fuerza hasta que estuvo alineado justo encima de Thornton.

Buck prudko plával, až kým sa nedostal tesne nad Thorntona.

Luego se dio la vuelta y se lanzó hacia abajo como un tren a toda velocidad.

Potom sa otočil a rútil sa dole ako vlak v plnej rýchlosti.

Thornton lo vio venir, se preparó y le rodeó el cuello con los brazos.

Thornton ho uvidel prichádzať, pripravil sa a objal ho okolo krku.

Hans ató la cuerda fuertemente alrededor de un árbol mientras ambos eran arrastrados hacia abajo.

Hans pevne uviazal lano okolo stromu, keď ich obaja stiahli pod seba.

Cayeron bajo el agua y se estrellaron contra rocas y escombros del río.

Prevracali sa pod vodou a narážali do skál a riečnych trosiek.

En un momento Buck estaba arriba y al siguiente Thornton se levantó jadeando.

V jednej chvíli bol Buck navrchu, v ďalšej Thornton vstal a zalapal po dychu.

Maltratados y asfixiados, se desviaron hacia la orilla y se pusieron a salvo.

Zbití a dusiaci sa, otočili sa k brehu a do bezpečia.

Thornton recuperó el conocimiento, acostado sobre un tronco a la deriva.

Thornton sa prebral k vedomiu, ležal na naplavenom kmeni.

Hans y Pete trabajaron duro para devolverle el aliento y la vida.

Hans a Pete tvrdo pracovali, aby mu prinavrátili dych a život.

Su primer pensamiento fue para Buck, que yacía inmóvil y flácido.

Jeho prvá myšlienka patrila Buckovi, ktorý ležal nehybne a bezvládne.

Nig aulló sobre el cuerpo de Buck y Skeet le lamió la cara suavemente.

Nig zavýjal nad Buckovým telom a Skeet mu jemne olízal tvár.

Thornton, dolorido y magullado, examinó a Buck con manos cuidadosas.

Thornton, boľavý a domodraný, si Bucka starostlivo prezrel rukami.

Encontró tres costillas rotas, pero ninguna herida mortal en el perro.

Našiel u psa zlomené tri rebrá, ale žiadne smrteľné zranenia.
"Eso lo resuelve", dijo Thornton. "Acamparemos aquí". Y así lo hicieron.
„Tým je to vybavené," povedal Thornton. „Tu utáboríme." A tak aj urobili.
Se quedaron hasta que las costillas de Buck sanaron y pudo caminar nuevamente.
Zostali tam, kým sa Buckovi nezahojili rebrá a on opäť nemohol chodiť.

Ese invierno, Buck realizó una hazaña que aumentó aún más su fama.
Tú zimu Buck predviedol čin, ktorý ešte viac zvýšil jeho slávu.
Fue menos heroico que salvar a Thornton, pero igual de impresionante.
Bolo to menej hrdinské ako záchrana Thorntona, ale rovnako pôsobivé.
En Dawson, los socios necesitaban suministros para un viaje lejano.
V Dawsone potrebovali partneri zásoby na ďalekú cestu.
Querían viajar hacia el Este, hacia tierras vírgenes y silvestres.
Chceli cestovať na východ, do nedotknutej divočiny.
La escritura de Buck en el Eldorado Saloon hizo posible ese viaje.
Buckov čin v salóne Eldorado umožnil túto cestu.
Todo empezó con hombres alardeando de sus perros mientras bebían.
Začalo to tým, že sa muži pri drinkoch chválili svojimi psami.
La fama de Buck lo convirtió en blanco de desafíos y dudas.
Buckova sláva z neho urobila terč výziev a pochybností.
Thornton, orgulloso y tranquilo, se mantuvo firme en la defensa del nombre de Buck.
Thornton, hrdý a pokojný, pevne stál pri obrane Buckovho mena.
Un hombre dijo que su perro podía levantar doscientos cincuenta kilos con facilidad.

Jeden muž povedal, že jeho pes dokáže s ľahkosťou utiahnuť 250 kilogramov.

Otro dijo seiscientos, y un tercero se jactó de setecientos.

Ďalší povedal šesťsto a tretí sa chválil sedemsto.

"¡Pfft!" dijo John Thornton, "Buck puede tirar de un trineo de mil libras".

„Pfft!" povedal John Thornton, „Buck dokáže ťahať tisíckilogramové sane."

Matthewson, un Rey de Bonanza, se inclinó hacia delante y lo desafió.

Matthewson, Kráľ Bonanzy, sa naklonil dopredu a vyzval ho.

¿Crees que puede poner tanto peso en movimiento?

„Myslíš si, že dokáže uviesť do pohybu toľko váhy?"

"¿Y crees que puede tirar del peso cien yardas enteras?"

„A myslíš si, že tú váhu dokáže utiahnuť celých sto metrov?"

Thornton respondió con frialdad: «Sí. Buck es lo suficientemente bueno como para hacerlo».

Thornton chladne odpovedal: „Áno. Buck je dosť dobrý pes na to, aby to urobil."

"Pondrá mil libras en movimiento y las arrastrará cien yardas".

„Uvedie do pohybu tisíc libier a potiahne to sto metrov."

Matthewson sonrió lentamente y se aseguró de que todos los hombres escucharan sus palabras.

Matthewson sa pomaly usmial a uistil sa, že všetci muži počuli jeho slová.

Tengo mil dólares que dicen que no puede. Ahí está.

„Mám tisíc dolárov, ktoré hovoria, že nemôže. Tak to je."

Arrojó un saco de polvo de oro del tamaño de una salchicha sobre la barra.

Tresol o bar vreckom zlatého prachu veľkosti klobásy.

Nadie dijo una palabra. El silencio se hizo denso y tenso a su alrededor.

Nikto nepovedal ani slovo. Ticho okolo nich ťažilo a napínalo sa.

El engaño de Thornton —si es que lo hubo— había sido tomado en serio.

Thorntonov blaf – ak to vôbec bol blaf – bol zobraný vážne.

Sintió que el calor le subía a la cara mientras la sangre le subía a las mejillas.

Cítil, ako mu do tváre stúpa horúčava, ako sa mu do líc nahrnula krv.

En ese momento su lengua se había adelantado a su razón.

V tej chvíli jeho jazyk predbehol rozum.

Realmente no sabía si Buck podría mover mil libras.

Naozaj nevedel, či Buck dokáže pohnúť tisíckou libier.

¡Media tonelada! Solo su tamaño le hacía sentir un gran peso en el corazón.

Pol tony! Už len samotná jeho veľkosť mu spôsobovala ťažkosti pri srdci.

Tenía fe en la fuerza de Buck y creía que era capaz.

Veril v Buckovu silu a myslel si, že je schopný.

Pero nunca se había enfrentado a un desafío así, no de esta manera.

Ale nikdy nečelil takémuto druhu výzvy, nie takto.

Una docena de hombres lo observaban en silencio, esperando ver qué haría.

Tucet mužov ho ticho sledovalo a čakalo, čo urobí.

Él no tenía el dinero, ni tampoco Hans ni Pete.

Nemal peniaze – ani Hans, ani Pete.

"Tengo un trineo afuera", dijo Matthewson fría y directamente.

„Mám vonku sane," povedal Matthewson chladne a priamo.

"Está cargado con veinte sacos de cincuenta libras cada uno, todo de harina.

„Je naložené dvadsiatimi vrecami, každé po päťdesiat libier, samá múka."

Así que no dejen que un trineo perdido sea su excusa ahora", añadió.

„Takže teraz nenechajte stratené sane byť vašou výhovorkou," dodal.

Thornton permaneció en silencio. No sabía qué decir.

Thornton mlčal. Nevedel, aké slová má povedať.

Miró a su alrededor los rostros sin verlos con claridad.

Rozhliadol sa po tvárach, no jasne ich nevidel.

Parecía un hombre congelado en sus pensamientos, intentando reiniciarse.

Vyzeral ako muž zamrznutý v myšlienkach, ktorý sa snaží reštartovať.

Luego vio a Jim O'Brien, un amigo de la época de Mastodon.

Potom uvidel Jima O'Briena, priateľa z čias Mastodontov.

Ese rostro familiar le dio un coraje que no sabía que tenía.

Tá známa tvár mu dodala odvahu, o ktorej nevedel, že ju má.

Se giró y preguntó en voz baja: "¿Puedes prestarme mil?"

Otočil sa a potichu sa spýtal: „Môžeš mi požičať tisíc?"

"Claro", dijo O'Brien, dejando caer un pesado saco junto al oro.

„Jasné," povedal O'Brien a už pri zlate pustil ťažké vrece.

"Pero la verdad, John, no creo que la bestia pueda hacer esto".

„Ale úprimne povedané, John, neverím, že by to tá beštia dokázala."

Todos los que estaban en el Eldorado Saloon corrieron hacia afuera para ver el evento.

Všetci v salóne Eldorado sa vyrútili von, aby sa pozreli na túto udalosť.

Abandonaron las mesas y las bebidas, e incluso los juegos se pausaron.

Opustili stoly a nápoje a dokonca aj hry boli pozastavené.

Comerciantes y jugadores acudieron para presenciar el final de la audaz apuesta.

Krupiéri a hazardní hráči prišli, aby boli svedkami konca odvážnej stávky.

Cientos de personas se reunieron alrededor del trineo en la calle helada y abierta.

Stovky ľudí sa zhromaždili okolo saní na zľadovatenej otvorenej ulici.

El trineo de Matthewson estaba cargado con un montón de sacos de harina.

Matthewsonove sane stáli plné vriec múky.

El trineo había permanecido parado durante horas a temperaturas bajo cero.

Sane stáli celé hodiny pri mínusových teplotách.

Los patines del trineo estaban congelados y pegados a la nieve compacta.

Bežce saní boli pevne primrznuté k udupanému snehu.

Los hombres ofrecieron dos a uno de que Buck no podría mover el trineo.

Muži stavili dva ku jednej, že Buck nedokáže pohnúť so saňami.

Se desató una disputa sobre lo que realmente significaba "break out".

Vypukol spor o to, čo vlastne znamená slovo „vypuknúť".

O'Brien dijo que Thornton debería aflojar la base congelada del trineo.

O'Brien povedal, že Thornton by mal uvoľniť zamrznutú základňu saní.

Buck pudo entonces "escapar" de un comienzo sólido e inmóvil.

Buck sa potom mohol „prelomiť" z pevného, nehybného štartu.

Matthewson argumentó que el perro también debe liberar a los corredores.

Matthewson argumentoval, že pes musí tiež oslobodiť bežcov.

Los hombres que habían escuchado la apuesta estuvieron de acuerdo con la opinión de Matthewson.

Muži, ktorí stávku počuli, súhlasili s Matthewsonovým názorom.

Con esa decisión, las probabilidades aumentaron a tres a uno en contra de Buck.

S týmto rozhodnutím sa kurz zvýšil na tri ku jednej proti Buckovi.

Nadie se animó a asumir las crecientes probabilidades de tres a uno.

Nikto sa nepohol dopredu, aby využil rastúci kurz tri ku jednej.

Ningún hombre creyó que Buck pudiera realizar la gran hazaña.

Ani jeden muž neveril, že Buck dokáže tento veľký čin.

Thornton se había apresurado a hacer la apuesta, cargado de dudas.

Thorntona do stávky narýchlo vtiahli, premohol ho množstvo pochybností.

Ahora miró el trineo y el equipo de diez perros que estaba a su lado.

Teraz sa pozrel na sane a desaťpsí záprah vedľa nich.

Ver la realidad de la tarea la hizo parecer más imposible.

Keď som videl realitu úlohy, zdala sa mi ešte nemožnejšia.

Matthewson estaba lleno de orgullo y confianza en ese momento.

Matthewson bol v tej chvíli plný hrdosti a sebavedomia.

—¡Tres a uno! —gritó—. ¡Apuesto mil más, Thornton!

„Tri ku jednej!" zakričal. „Stavím ďalších tisíc, Thornton!"

"¿Qué dices?" añadió lo suficientemente alto para que todos lo oyeran.

„Čo na to hovoríš?" dodal dostatočne hlasno, aby ho všetci počuli.

El rostro de Thornton mostraba sus dudas, pero su ánimo se había elevado.

Thorntonova tvár prezrádzala pochybnosti, ale jeho duch sa povzniesol.

Ese espíritu de lucha ignoraba las probabilidades y no temía a nada en absoluto.

Ten bojový duch ignoroval prekážky a nebál sa vôbec ničoho.

Llamó a Hans y Pete para que trajeran todo su dinero a la mesa.

Zavolal Hansa a Peta, aby priniesli všetky svoje peniaze.

Les quedaba poco: sólo doscientos dólares en total.

Zostalo im málo – spolu len dvesto dolárov.

Esta pequeña suma constituía su fortuna total en tiempos difíciles.

Táto malá suma predstavovala ich celkový majetok v ťažkých časoch.

Aún así, apostaron toda su fortuna contra la apuesta de Matthewson.

Napriek tomu vsadili všetok svoj majetok na Matthewsonovu stávku.

El equipo de diez perros fue desenganchado y se alejó del trineo.

Desaťpsí záprah bol odpriahnutý a pohol sa od saní.

Buck fue colocado en las riendas, vistiendo su arnés familiar.

Bucka posadili do opraty a obliekli si jeho známy postroj.

Había captado la energía de la multitud y sentía la tensión.

Zachytil energiu davu a cítil napätie.

De alguna manera, sabía que tenía que hacer algo por John Thornton.

Nejako vedel, že pre Johna Thorntona musí niečo urobiť.

La gente murmuraba con admiración ante la orgullosa figura del perro.

Ľudia s obdivom šepkali nad hrdou postavou psa.

Era delgado y fuerte, sin un solo gramo de carne extra.

Bol štíhly a silný, bez jediného kúska mäsa navyše.

Su peso total de ciento cincuenta libras era todo potencia y resistencia.

Jeho celková váha stopäťdesiat libier bola samá sila a vytrvalosť.

El pelaje de Buck brillaba como la seda, espeso y saludable.

Buckov kabát sa leskol ako hodváb, hustý zdravím a silou.

El pelaje a lo largo de su cuello y hombros pareció levantarse y erizarse.

Srsť pozdĺž krku a ramien sa mu akoby zježila a naježila.

Su melena se movía levemente, cada cabello vivo con su gran energía.

Jeho hriva sa mierne pohla, každý vlas ožil jeho obrovskou energiou.

Su pecho ancho y sus piernas fuertes hacían juego con su cuerpo pesado y duro.

Jeho široký hrudník a silné nohy ladili s jeho mohutnou, tvrdou postavou.

Los músculos se ondulaban bajo su abrigo, tensos y firmes como hierro.

Svaly sa mu pod kabátom vlnili, napäté a pevné ako spoutané železo.

Los hombres lo tocaron y juraron que estaba construido como una máquina de acero.

Muži sa ho dotýkali a prisahali, že je stavaný ako oceľový stroj.

Las probabilidades bajaron levemente a dos a uno contra el gran perro.

Kurz mierne klesol na dva ku jednej proti skvelému psovi.

Un hombre de los bancos Skookum se adelantó, tartamudeando.

Muž zo Skookumových lavičiek sa koktavým krokom predtiahol dopredu.

—¡Bien, señor! ¡Ofrezco ochocientas libras por él, antes del examen, señor!

„Dobre, pane! Ponúkam za neho osemsto – pred skúškou, pane!"

"¡Ochocientos, tal como está ahora mismo!" insistió el hombre.

„Osemsto, ako teraz stojí!" trval na svojom muž.

Thornton dio un paso adelante, sonrió y meneó la cabeza con calma.

Thornton vystúpil dopredu, usmial sa a pokojne pokrútil hlavou.

Matthewson intervino rápidamente con una voz de advertencia y el ceño fruncido.

Matthewson rýchlo zasiahol varovným hlasom a zamračil sa.

—Debes alejarte de él —dijo—. Dale espacio.

„Musíš od neho odstúpiť," povedal. „Daj mu priestor."

La multitud quedó en silencio; sólo los jugadores seguían ofreciendo dos a uno.

Dav stíchol; iba hazardní hráči stále kládli stávky dva ku jednému.

Todos admiraban la complexión de Buck, pero la carga parecía demasiado grande.

Všetci obdivovali Buckovu postavu, ale náklad vyzeral príliš veľký.

Veinte sacos de harina, cada uno de cincuenta libras de peso, parecían demasiados.

Dvadsať vriec múky – každé s hmotnosťou päťdesiat libier – sa zdalo priveľa.

Nadie estaba dispuesto a abrir su bolsa y arriesgar su dinero.

Nikto nebol ochotný otvoriť si mešec a riskovať svoje peniaze.

Thornton se arrodilló junto a Buck y tomó su cabeza con ambas manos.

Thornton si kľakol vedľa Bucka a chytil mu hlavu do oboch dlaní.

Presionó su mejilla contra la de Buck y le habló al oído.

Pritlačil líce k Buckovmu a povedal mu do ucha.

Ya no había apretones juguetones ni susurros de insultos amorosos.

Teraz sa neozvali žiadne hravé trasenie ani šepkané láskyplné urážky.

Él sólo murmuró suavemente: "Tanto como me amas, Buck".

Len potichu zamrmlal: „Rovnako ako ma miluješ, Buck.“

Buck dejó escapar un gemido silencioso, su entusiasmo apenas fue contenido.

Buck ticho zakňučal, ledva potlačiac svoju nedočkavosť.

Los espectadores observaron con curiosidad cómo la tensión llenaba el aire.

Prizerajúci sa so zvedavosťou sledovali, ako sa vzduchom šíri napätie.

El momento parecía casi irreal, como algo más allá de la razón.

Ten okamih sa zdal takmer neskutočný, ako niečo nadprirodzené.

Cuando Thornton se puso de pie, Buck tomó suavemente su mano entre sus mandíbulas.

Keď Thornton vstal, Buck mu jemne vzal ruku do čeľuste.

Presionó con los dientes y luego lo soltó lenta y suavemente.

Zatlačil zubami a potom pomaly a jemne pustil.

Fue una respuesta silenciosa de amor, no dicha, pero entendida.

Bola to tichá odpoveď lásky, nevyslovená, ale pochopená.

Thornton se alejó bastante del perro y dio la señal.

Thornton ustúpil ďaleko od psa a dal znamenie.

—Ahora, Buck —dijo, y Buck respondió con calma y concentración.

„No tak, Buck," povedal a Buck odpovedal so sústredeným pokojom.

Buck apretó las correas y luego las aflojó unos centímetros.

Buck najprv utiahol šnúry a potom ich o pár centimetrov povoľil.

Éste era el método que había aprendido; su manera de romper el trineo.

Toto bola metóda, ktorú sa naučil; jeho spôsob, ako rozbiť sane.

—¡Caramba! —gritó Thornton con voz aguda en el pesado silencio.

„Páni!" zakričal Thornton ostrým hlasom v ťažkom tichu.

Buck giró hacia la derecha y se lanzó con todo su peso.

Buck sa otočil doprava a vrhol sa celou svojou váhou.

La holgura desapareció y la masa total de Buck golpeó las cuerdas apretadas.

Vôľa zmizla a Buckova celá hmotnosť dopadla na úzke koľajnice.

El trineo tembló y los patines produjeron un crujido crujiente.

Sane sa triasli a klzáky vydali ostrý praskavý zvuk.

—¡Ja! —ordenó Thornton, cambiando nuevamente la dirección de Buck.

„Hau!" prikázal Thornton a opäť zmenil Buckov smer.

Buck repitió el movimiento, esta vez tirando bruscamente hacia la izquierda.

Buck zopakoval pohyb, tentoraz prudko potiahol doľava.

El trineo crujió más fuerte y los patines crujieron y se movieron.

Sane praskali hlasnejšie, klzáky cvakali a posúvali sa.

La pesada carga se deslizó ligeramente hacia un lado sobre la nieve congelada.

Ťažký náklad sa mierne kĺzal do strany po zamrznutom snehu.

¡El trineo se había soltado del sendero helado!

Sane sa vytrhli zo zovretia zľadovatenej cesty!

Los hombres contenían la respiración, sin darse cuenta de que ni siquiera estaban respirando.

Muži zadržiavali dych, neuvedomujúc si, že ani nedýchajú.

—¡Ahora, TIRA! —gritó Thornton a través del silencio helado.

„Teraz ŤAHAJ!" zakričal Thornton cez zamrznuté ticho.

La orden de Thornton sonó aguda, como el chasquido de un látigo.

Thorntonov rozkaz zaznel ostro, ako prasknutie biča.

Buck se lanzó hacia adelante con una estocada feroz y estremecedora.

Buck sa prudkým a prudkým výpadom vrhol dopredu.

Todo su cuerpo se tensó y se arrugó por la enorme tensión.

Celé jeho telo sa naplo a sploštilo pri obrovskom tlaku.

Los músculos se ondulaban bajo su pelaje como serpientes que cobraban vida.

Svaly sa mu pod srsťou vlnili ako ožívajúce hady.

Su gran pecho estaba bajo y la cabeza estirada hacia delante, hacia el trineo.

Jeho mohutná hruď bola nízka, hlava natiahnutá dopredu k saniam.

Sus patas se movían como un rayo y sus garras cortaban el suelo helado.

Jeho laby sa pohybovali ako blesk, pazúry prerezávali zamrznutú zem.

Los surcos se abrieron profundos mientras luchaba por cada centímetro de tracción.

Drážky sa mu vyrezávali hlboko, keď bojoval o každý centimeter trakcie.

El trineo se balanceó, tembló y comenzó un movimiento lento e inquieto.

Sane sa hojdali, triasli a začali sa pomaly, nepokojne pohybovať.

Un pie resbaló y un hombre entre la multitud gimió en voz alta.

Jedna noha sa mu pošmykla a muž v dave hlasno zastonal.

Entonces el trineo se lanzó hacia adelante con un movimiento brusco y espasmódico.

Potom sa sane trhavým, drsným pohybom vyrazili dopredu.

No se detuvo de nuevo: media pulgada... una pulgada... dos pulgadas más.

Znovu sa to nezastavilo – o pol palca... o palec... o dva palce viac.

Los tirones se hicieron más pequeños a medida que el trineo empezó a ganar velocidad.

Trhnutia sa zmenšovali, keď sane začali zrýchľovať.

Pronto Buck estaba tirando con una potencia suave, uniforme y rodante.

Buck čoskoro ťahal s hladkou, rovnomernou a valivou silou.

Los hombres jadearon y finalmente recordaron respirar de nuevo.

Muži zalapali po dychu a nakoniec si spomenuli, že musia znova dýchať.

No se habían dado cuenta de que su respiración se había detenido por el asombro.

Nevšimli si, že sa im od úžasu zastavil dych.

Thornton corrió detrás, gritando órdenes breves y alegres.

Thornton bežal za ním a vykrikoval krátke, veselé povely.

Más adelante había una pila de leña que marcaba la distancia.

Pred nami bola kopa palivového dreva, ktorá označovala vzdialenosť.

A medida que Buck se acercaba a la pila, los vítores se hacían cada vez más fuertes.

Ako sa Buck blížil k hromade, jasot bol čoraz hlasnejší.

Los aplausos aumentaron hasta convertirse en un rugido cuando Buck pasó el punto final.

Keď Buck prešiel cieľovou stanicou, jasot sa premenil na rev.

Los hombres saltaron y gritaron, incluso Matthewson sonrió.

Muži skákali a kričali, dokonca aj Matthewson sa uškrnul.

Los sombreros volaron por el aire y los guantes fueron arrojados sin pensar ni rumbo.

Klobúky lietali do vzduchu, palčiaky boli hádzané bez rozmyslu a cieľa.

Los hombres se abrazaron y se dieron la mano sin saber a quién.

Muži sa chytili a podali si ruky bez toho, aby vedeli komu.

Toda la multitud vibró en una celebración salvaje y alegre.

Celý dav bzučal v divokej, radostnej oslave.

Thornton cayó de rodillas junto a Buck con manos temblorosas.

Thornton s trasúcimi sa rukami kľakol vedľa Bucka.

Apretó su cabeza contra la de Buck y lo sacudió suavemente hacia adelante y hacia atrás.

Pritlačil hlavu k Buckovej a jemne ňou potriasol sem a tam.

Los que se acercaron le oyeron maldecir al perro con silencioso amor.

Tí, ktorí sa priblížili, ho počuli, ako s tichou láskou preklínal psa.

Maldijo a Buck durante un largo rato, suavemente, cálidamente, con emoción.

Dlho nadával Buckovi – jemne, vrúcne, s dojatím.

—¡Bien, señor! ¡Bien, señor! —gritó el rey del Banco Skookum a toda prisa.

„Výborne, pane! Výborne, pane!" zvolal kráľ Skookumovej lavičky v návale.

—¡Le daré mil, no, mil doscientos, por ese perro, señor!

„Dám vám tisíc – nie, dvesto dvanásť – za toho psa, pane!"

Thornton se puso de pie lentamente, con los ojos brillantes de emoción.

Thornton sa pomaly postavil na nohy, oči mu žiarili emóciami.

Las lágrimas corrían abiertamente por sus mejillas sin ninguna vergüenza.

Slzy mu tiekli prúdom po lícach bez akéhokoľvek hanby.

"Señor", le dijo al rey del Banco Skookum, firme y firme.

„Pane," povedal kráľovi lavičky Skookum pokojne a pevne
—No, señor. Puede irse al infierno, señor. Esa es mi última respuesta.
„Nie, pane. Môžete ísť do pekla, pane. To je moja konečná odpoveď."
Buck agarró suavemente la mano de Thornton con sus fuertes mandíbulas.
Buck jemne chytil Thorntonovu ruku do svojich silných čeľustí.
Thornton lo sacudió juguetonamente; su vínculo era más profundo que nunca.
Thornton ním hravo potriasol, ich puto bolo hlboké ako vždy.
La multitud, conmovida por el momento, retrocedió en silencio.
Dav, dojatý okamihom, mlčky cúvol.
Desde entonces nadie se atrevió a interrumpir tan sagrado afecto.
Odvtedy sa nikto neodvážil prerušiť túto posvätnú náklonnosť.

El sonido de la llamada
Zvuk volania

Buck había ganado mil seiscientos dólares en cinco minutos.
Buck zarobil tisícšesťsto dolárov za päť minút.
El dinero permitió a John Thornton pagar algunas de sus deudas.
Tieto peniaze umožnili Johnovi Thorntonovi splatiť časť jeho dlhov.
Con el resto del dinero se dirigió al Este con sus socios.
So zvyškom peňazí sa so svojimi partnermi vydal na východ.
Buscaban una legendaria mina perdida, tan antigua como el país mismo.
Hľadali legendárnu stratenú baňu, starú ako samotná krajina.
Muchos hombres habían buscado la mina, pero pocos la habían encontrado.
Mnoho mužov hľadalo baňu, ale len málo z nich ju našlo.
Más de unos pocos hombres habían desaparecido durante la peligrosa búsqueda.
Počas nebezpečnej výpravy zmizlo viac ako niekoľko mužov.
Esta mina perdida estaba envuelta en misterio y vieja tragedia.
Táto stratená baňa bola zahalená tajomstvom aj starou tragédiou.
Nadie sabía quién había sido el primer hombre que encontró la mina.
Nikto nevedel, kto bol prvým mužom, ktorý objavil baňu.
Las historias más antiguas no mencionan a nadie por su nombre.
Najstaršie príbehy nespomínajú nikoho menom.
Siempre había habido allí una antigua y destartalada cabaña.
Vždy tam stála stará schátraná chatrč.
Los hombres moribundos habían jurado que había una mina al lado de aquella vieja cabaña.
Umierajúci muži prisahali, že vedľa tej starej chatrče je baňa.

Probaron sus historias con oro como ningún otro en ningún otro lugar.

Svoje príbehy dokázali zlatom, aké sa inde nenašlo.

Ningún alma viviente había jamás saqueado el tesoro de aquel lugar.

Žiadna živá duša nikdy neukradla poklad z toho miesta.

Los muertos estaban muertos, y los muertos no cuentan historias.

Mŕtvi boli mŕtvi a mŕtvi muži nerozprávajú žiadne príbehy.

Entonces Thornton y sus amigos se dirigieron al Este.

Thornton a jeho priatelia sa teda vydali na východ.

Pete y Hans se unieron, trayendo a Buck y seis perros fuertes.

Pete a Hans sa pridali a priviedli Bucka a šesť silných psov.

Se embarcaron en un camino desconocido donde otros habían fracasado.

Vydali sa neznámou cestou, kde iní zlyhali.

Se deslizaron en trineo setenta millas por el congelado río Yukón.

Sánkovali sa sedemdesiat míľ po zamrznutej rieke Yukon.

Giraron a la izquierda y siguieron el sendero hacia Stewart.

Odbočili doľava a sledovali chodník do rieky Stewart.

Pasaron Mayo y McQuestion y siguieron adelante.

Minuli Mayo a McQuestion a pokračovali ďalej.

El río Stewart se encogió y se convirtió en un arroyo, atravesando picos irregulares.

Rieka Stewart sa scvrkla na potok, vinúc sa cez ostré štíty.

Estos picos afilados marcaban la columna vertebral del continente.

Tieto ostré vrcholy označovali samotnú chrbticu kontinentu.

John Thornton exigía poco a los hombres y a la tierra salvaje.

John Thornton od ľudí ani od divočiny veľa nevyžadoval.

No temía a nada de la naturaleza y se enfrentaba a lo salvaje con facilidad.

V prírode sa nebál ničoho a divočine čelil s ľahkosťou.

Con sólo sal y un rifle, podría viajar a donde quisiera.

Len so soľou a puškou mohol cestovať, kam chcel.

Al igual que los nativos, cazaba alimentos mientras viajaba.
Rovnako ako domorodci, aj on počas cesty lovil potravu.
Si no pescaba nada, seguía adelante, confiando en que la suerte le acompañaría.
Ak nič nechytil, pokračoval ďalej a dôveroval šťastiu.
En este largo viaje, la carne era lo principal que comían.
Na tejto dlhej ceste jedli hlavne mäso.
El trineo contenía herramientas y municiones, pero no un horario estricto.
Sane niesli náradie a muníciu, ale nebol stanovený žiadny prísny časový harmonogram.
A Buck le encantaba este vagabundeo, la caza y la pesca interminables.
Buck miloval toto putovanie; nekonečný lov a rybolov.
Durante semanas estuvieron viajando día tras día.
Celé týždne cestovali deň za dňom.
Otras veces montaban campamentos y permanecían allí durante semanas.
Inokedy si postavili tábory a zostali tam celé týždne.
Los perros descansaron mientras los hombres cavaban en la tierra congelada.
Psy odpočívali, zatiaľ čo muži sa prehrabávali zamrznutou hlinou.
Calentaron sartenes sobre el fuego y buscaron oro escondido.
Zohrievali panvice na ohni a hľadali skryté zlato.
Algunos días pasaban hambre y otros días tenían fiestas.
Niektoré dni hladovali a niektoré dni mali hostiny.
Sus comidas dependían de la presa y de la suerte de la caza.
Ich jedlo záviselo od zveri a šťastia pri love.
Cuando llegaba el verano, los hombres y los perros cargaban cargas sobre sus espaldas.
Keď prišlo leto, muži a psy si naložili bremená na chrbty.
Navegaron por lagos azules escondidos en bosques de montaña.
Splavovali modré jazerá ukryté v horských lesoch.

Navegaban en delgadas embarcaciones por ríos que ningún hombre había cartografiado jamás.

Plavili sa na úzkych loďkách po riekach, ktoré nikto nikdy nezmapoval.

Esos barcos se construyeron a partir de árboles que cortaban en la naturaleza.

Tie lode boli postavené zo stromov, ktoré pílili vo voľnej prírode.

Los meses pasaron y ellos serpentearon por tierras salvajes y desconocidas.

Mesiace plynuli a oni sa kľukato predierali divokou neznámou krajinou.

No había hombres allí, aunque había rastros antiguos que indicaban que había habido hombres.

Neboli tam žiadni muži, no staré stopy naznačovali, že tam boli.

Si la Cabaña Perdida fue real, entonces otras personas habían pasado por allí alguna vez.

Ak Stratená chata bola skutočná, potom tadiaľto kedysi prešli aj iní.

Cruzaron pasos altos en medio de tormentas de nieve, incluso en verano.

Prechádzali cez vysoké priesmyky vo snehových búrkach, dokonca aj v lete.

Temblaban bajo el sol de medianoche en las laderas desnudas de las montañas.

Triasli sa pod polnočným slnkom na holých horských svahoch.

Entre la línea de árboles y los campos de nieve, subieron lentamente.

Medzi hranicou lesa a snehovými poľami pomaly stúpali.

En los valles cálidos, aplastaban nubes de mosquitos y moscas.

V teplých údoliach odháňali mračná komárov a múch.

Recogieron bayas dulces cerca de los glaciares en plena floración del verano.

Zbierali sladké bobule blízko ľadovcov v plnom letnom kvete.

Las flores que encontraron eran tan hermosas como las de las Tierras del Sur.

Kvety, ktoré našli, boli rovnako krásne ako tie v Juhu.

Ese otoño llegaron a una región solitaria llena de lagos silenciosos.

Na jeseň dorazili do opusteného kraja plného tichých jazier.

La tierra estaba triste y vacía, una vez llena de pájaros y bestias.

Krajina bola smutná a prázdna, kedysi plná vtákov a zvierat.

Ahora no había vida, sólo el viento y el hielo formándose en charcos.

Teraz tam nebol žiadny život, len vietor a ľad tvoriaci sa v jazierkach.

Las olas golpeaban las orillas vacías con un sonido suave y triste.

Vlny sa s jemným, smútočným zvukom narážali na prázdne brehy.

Llegó otro invierno y volvieron a seguir los viejos y tenues senderos.

Prišla ďalšia zima a oni opäť sledovali slabé, staré stopy.

Éstos eran los rastros de hombres que habían buscado mucho antes que ellos.

Boli to stopy mužov, ktorí hľadali dávno pred nimi.

Un día encontraron un camino que se adentraba profundamente en el bosque oscuro.

Raz našli chodník vyrezaný hlboko do tmavého lesa.

Era un sendero antiguo y sintieron que la cabaña perdida estaba cerca.

Bol to starý chodník a mali pocit, že stratená chata je blízko.

Pero el sendero no conducía a ninguna parte y se perdía en el espeso bosque.

Ale chodník nikam neviedol a mizol v hustom lese.

Nadie sabe quién hizo el sendero ni por qué lo hizo.

Ktokoľvek vybudoval chodník a prečo ho vybudoval, nikto nevedel.

Más tarde encontraron los restos de una cabaña escondidos entre los árboles.

Neskôr našli vrak chaty ukrytý medzi stromami.

Mantas podridas yacían esparcidas donde alguna vez alguien había dormido.

Tam, kde kedysi niekto spal, ležali rozhnité prikrývky.

John Thornton encontró una pistola de chispa de cañón largo enterrada en el interior.

John Thornton našiel vo vnútri zakopanú kresadlovú zbraň s dlhou hlavňou.

Sabía que se trataba de un cañón de la Bahía de Hudson desde los primeros días de su comercialización.

Vedel, že ide o delo z Hudsonovho zálivu už od začiatkov obchodovania.

En aquella época, estas armas se intercambiaban por montones de pieles de castor.

V tých časoch sa takéto zbrane vymieňali za kopy bobrích koží.

Eso fue todo: no quedó ninguna pista del hombre que construyó el albergue.

To bolo všetko – nezostala žiadna stopa po mužovi, ktorý postavil chatu.

Llegó nuevamente la primavera y no encontraron ninguna señal de la Cabaña Perdida.

Jar prišla znova a po Stratenej chate nenašli ani stopu.

En lugar de eso encontraron un valle amplio con un arroyo poco profundo.

Namiesto toho našli široké údolie s plytkým potokom.

El oro se extendía sobre el fondo de las sartenes como mantequilla suave y amarilla.

Zlato ležalo na dne panvíc ako hladké žlté maslo.

Se detuvieron allí y no buscaron más la cabaña.

Zastavili sa tam a ďalej nehľadali chatu.

Cada día trabajaban y encontraban miles en polvo de oro.

Každý deň pracovali a nachádzali tisíce v zlatom prachu.

Empaquetaron el oro en bolsas de piel de alce, de cincuenta libras cada una.

Zlato balili do vriec z losej kože, každé s hmotnosťou päťdesiat libier.

Las bolsas estaban apiladas como leña afuera de su pequeña cabaña.

Vrecia boli naukladané ako drevo na kúrenie pred ich malou chatkou.

Trabajaron como gigantes y los días pasaban como sueños rápidos.

Pracovali ako obri a dni ubiehali ako rýchle sny.

Acumularon tesoros a medida que los días interminables transcurrían rápidamente.

Zhromažďovali poklady, zatiaľ čo nekonečné dni rýchlo ubiehali.

Los perros no tenían mucho que hacer excepto transportar carne de vez en cuando.

Psy nemali veľa čo robiť, okrem toho, že občas nosili mäso.

Thornton cazó y mató el animal, y Buck se quedó tendido junto al fuego.

Thornton lovil a zabíjal zver a Buck ležal pri ohni.

Pasó largas horas en silencio, perdido en sus pensamientos y recuerdos.

Trávil dlhé hodiny v tichu, ponorený do myšlienok a spomienok.

La imagen del hombre peludo venía cada vez más a la mente de Buck.

Buckovi sa čoraz častejšie vynárala predstava chlpatého muža.

Ahora que el trabajo escaseaba, Buck soñaba mientras parpadeaba ante el fuego.

Teraz, keď bolo práce málo, Buck sníval a žmurkal do ohňa.

En esos sueños, Buck vagaba con el hombre en otro mundo.

V tých snoch sa Buck túlal s mužom v inom svete.

El miedo parecía el sentimiento más fuerte en ese mundo distante.

Strach sa zdal byť najsilnejším pocitom v tom vzdialenom svete.

Buck vio al hombre peludo dormir con la cabeza gacha.
Buck videl chlpatého muža spať so sklonenou hlavou.
Tenía las manos entrelazadas y su sueño era inquieto y entrecortado.
Ruky mal zovreté a spánok nepokojný a prerušovaný.
Solía despertarse sobresaltado y mirar con miedo hacia la oscuridad.
Zvykol sa s trhnutím zobudiť a vystrašene hľadieť do tmy.
Luego echaba más leña al fuego para mantener la llama brillante.
Potom prihádzal do ohňa viac dreva, aby plameň stále horel.
A veces caminaban por una playa junto a un mar gris e interminable.
Niekedy sa prechádzali po pláži pri sivom, nekonečnom mori.
El hombre peludo recogía mariscos y los comía mientras caminaba.
Chlpatý muž si zbieral mäkkýše a jedol ich počas chôdze.
Sus ojos buscaban siempre peligros ocultos en las sombras.
Jeho oči neustále hľadali skryté nebezpečenstvá v tieňoch.
Sus piernas siempre estaban listas para correr ante la primera señal de amenaza.
Jeho nohy boli vždy pripravené šprintovať pri prvom náznaku ohrozenia.
Se arrastraron por el bosque, silenciosos y cautelosos, uno al lado del otro.
Plazili sa lesom, ticho a ostražito, bok po boku.
Buck lo siguió de cerca y ambos se mantuvieron alerta.
Buck ho nasledoval v pätách a obaja zostali ostražití.
Sus orejas se movían y temblaban, sus narices olfateaban el aire.
Uši im mykali a hýbali sa, nosy oňuchávali vzduch.
El hombre podía oír y oler el bosque tan agudamente como Buck.
Muž počul a cítil les rovnako ostro ako Buck.
El hombre peludo se balanceó entre los árboles con una velocidad repentina.
Chlpatý muž sa s náhlou rýchlosťou prehnal pomedzi stromy.

Saltaba de rama en rama sin perder nunca su agarre.
Skákal z konára na konár a nikdy sa nestratil zovretia.
Se movió tan rápido sobre el suelo como sobre él.
Pohyboval sa nad zemou rovnako rýchlo ako po nej.
Buck recordó las largas noches bajo los árboles, haciendo guardia.
Buck si spomenul na dlhé noci pod stromami, keď strážil.
El hombre dormía recostado en las ramas, aferrado fuertemente.
Muž spal schúlený v konároch a pevne sa ich držal.
Esta visión del hombre peludo estaba estrechamente ligada al llamado profundo.
Táto vízia chlpatého muža bola úzko spätá s hlbokým volaním.
El llamado aún resonaba en el bosque con una fuerza inquietante.
Volanie stále znelo lesom s prenikavou silou.
La llamada llenó a Buck de anhelo y una inquieta sensación de alegría.
Hovor naplnil Bucka túžbou a nepokojným pocitom radosti.
Sintió impulsos y agitaciones extrañas que no podía nombrar.
Cítil zvláštne nutkania a impulzy, ktoré nevedel pomenovať.
A veces seguía la llamada hasta lo profundo del tranquilo bosque.
Niekedy nasledoval volanie hlboko do tichého lesa.
Buscó el llamado, ladrando suave o agudamente mientras caminaba.
Hľadal volanie, štekajúc potichu alebo ostro, ako sa pohyboval.
Olfateó el musgo y la tierra negra donde crecían las hierbas.
Ovoňal mach a čiernu pôdu, kde rástli trávy.
Resopló de alegría ante los ricos olores de la tierra profunda.
Od slastného odfrkol pri pohľade na bohatú vôňu hlbokej zeme.
Se agazapó durante horas detrás de troncos cubiertos de hongos.

Hodiny sa krčil za kmeňmi pokrytými plesňou.

Se quedó quieto, escuchando con los ojos muy abiertos cada pequeño sonido.

Zostal nehybne stáť a s doširoka otvorenými očami načúval každému najmenšiemu zvuku.

Quizás esperaba sorprender al objeto que le había hecho el llamado.

Možno dúfal, že prekvapí tú vec, ktorá zavolala.

Él no sabía por qué actuaba así: simplemente lo hacía.

Nevedel, prečo sa takto správal – jednoducho sa správal.

Los impulsos venían desde lo más profundo, más allá del pensamiento o la razón.

Tie nutkania prichádzali z hĺbky vnútra, z diaľky, spoza myslenia či rozumu.

Impulsos irresistibles se apoderaron de Buck sin previo aviso ni razón.

Bucka sa zmocnili neodolateľné nutkania bez varovania a bezdôvodne.

A veces dormitaba perezosamente en el campamento bajo el calor del mediodía.

Občas lenivo driemal v tábore v poludňajšej horúčave.

De repente, su cabeza se levantó y sus orejas se levantaron en alerta.

Zrazu zdvihol hlavu a nastražil uši.

Entonces se levantó de un salto y se lanzó hacia lo salvaje sin detenerse.

Potom vyskočil a bez zastavenia sa rozbehol do divočiny.

Corrió durante horas por senderos forestales y espacios abiertos.

Hodiny behal lesnými chodníkmi a otvorenými priestranstvami.

Le encantaba seguir los lechos de los arroyos secos y espiar a los pájaros en los árboles.

Rád sledoval vyschnuté korytá potokov a pozoroval vtáky v korunách stromov.

Podría permanecer escondido todo el día, mirando a las perdices pavonearse.

Mohol by ležať skrytý celý deň a sledovať jarabice, ako sa prechádzajú okolo.

Ellos tamborilearon y marcharon, sin percatarse de la presencia todavía de Buck.

Bubnovali a pochodovali, nevnímajúc Buckovu stále prítomnosť.

Pero lo que más le gustaba era correr al atardecer en verano.

Ale najviac miloval beh za súmraku v lete.

La tenue luz y los sonidos soñolientos del bosque lo llenaron de alegría.

Tlmené svetlo a ospalé lesné zvuky ho napĺňali radosťou.

Leyó las señales del bosque tan claramente como un hombre lee un libro.

Čítal lesné znaky rovnako jasne, ako človek číta knihu.

Y siempre buscaba aquella cosa extraña que lo llamaba.

A stále hľadal tú zvláštnu vec, ktorá ho volala.

Ese llamado nunca se detuvo: lo alcanzaba despierto o dormido.

To volanie nikdy neprestávalo – dosahovalo ho, či už bol bdelý alebo spal.

Una noche, se despertó sobresaltado, con los ojos alerta y las orejas alerta.

Jednej noci sa s trhnutím zobudil, s ostrým zrakom a nastraženými ušami.

Sus fosas nasales se crisparon mientras su melena se erizaba en ondas.

Nozdry sa mu mykli, keď sa mu hriva vlnila.

Desde lo profundo del bosque volvió a oírse el sonido, el viejo llamado.

Z hlboka lesa sa opäť ozval zvuk, staré volanie.

Esta vez el sonido sonó claro, un aullido largo, inquietante y familiar.

Tentoraz zvuk zaznel jasne, dlhé, prenikavé, známe zavýjanie.

Era como el grito de un husky, pero extraño y salvaje en tono.

Bolo to ako krik huskyho, ale zvláštny a divoký tón.

Buck reconoció el sonido al instante: había oído exactamente el mismo sonido hacía mucho tiempo.

Buck ten zvuk hneď spoznal – presne ten istý zvuk počul už dávno.

Saltó a través del campamento y desapareció rápidamente en el bosque.

Preskočil tábor a rýchlo zmizol v lese.

A medida que se acercaba al sonido, disminuyó la velocidad y se movió con cuidado.

Ako sa blížil k zvuku, spomalil a pohyboval sa opatrne.

Pronto llegó a un claro entre espesos pinos.

Čoskoro dorazil na čistinku medzi hustými borovicami.

Allí, erguido sobre sus cuartos traseros, estaba sentado un lobo de bosque alto y delgado.

Tam, vzpriamene na zadných nohách, sedel vysoký, štíhly lesný vlk.

La nariz del lobo apuntaba hacia el cielo, todavía haciendo eco del llamado.

Vlčí ňufák smeroval k nebu a stále odrážal volanie.

Buck no había emitido ningún sonido, pero el lobo se detuvo y escuchó.

Buck nevydal ani hlásku, no vlk sa zastavil a načúval.

Sintiendo algo, el lobo se tensó y buscó en la oscuridad.

Vlk niečo vycítil, napol sa a hľadal v tme.

Buck apareció sigilosamente, con el cuerpo agachado y los pies quietos sobre el suelo.

Buck sa vkradol do zorného poľa, telom pri zemi, nohy ticho na zemi.

Su cola estaba recta y su cuerpo enroscado por la tensión.

Jeho chvost bol rovný, telo pevne stočené napätím.

Mostró al mismo tiempo una amenaza y una especie de amistad ruda.

Prejavoval hrozbu aj akési drsné priateľstvo.

Fue el saludo cauteloso que compartían las bestias salvajes.

Bol to ostražitý pozdrav, aký zdieľajú divé zvieratá.

Pero el lobo se dio la vuelta y huyó tan pronto como vio a Buck.

Ale vlk sa otočil a utiekol hneď ako zbadal Bucka.

Buck lo persiguió, saltando salvajemente, ansioso por alcanzarlo.

Buck ho prenasledoval, divoko skákal a dychtivo ho dobehol.

Siguió al lobo hasta un arroyo seco bloqueado por un atasco de madera.

Nasledoval vlka do vyschnutého potoka, ktorý zablokovala drevená zápcha.

Acorralado, el lobo giró y se mantuvo firme.

Zahnaný do kúta, vlk sa otočil a zostal stáť na mieste.

El lobo gruñó y mordió a su presa como un perro husky atrapado en una pelea.

Vlk zavrčal a šľahal ako chytený husky v boji.

Los dientes del lobo chasquearon rápidamente y su cuerpo se erizó de furia salvaje.

Vlčie zuby rýchlo cvakali a telo mu sršalo divokou zúrivosťou.

Buck no atacó, sino que rodeó al lobo con cautelosa amabilidad.

Buck nezaútočil, ale s opatrnou a priateľskou starostlivosťou obišiel vlka.

Intentó bloquear su escape con movimientos lentos e inofensivos.

Snažil sa mu zablokovať únik pomalými, neškodnými pohybmi.

El lobo estaba cauteloso y asustado: Buck pesaba tres veces más que él.

Vlk bol ostražitý a vystrašený – Buck ho trikrát prevážil.

La cabeza del lobo apenas llegaba hasta el enorme hombro de Buck.

Vlčia hlava sotva siahala Buckovi po mohutné plece.

Al acecho de un hueco, el lobo salió disparado y la persecución comenzó de nuevo.

Vlk hľadal medzeru, utiekol a naháňačka sa začala znova.

Varias veces Buck lo acorraló y el baile se repitió.

Buck ho niekoľkokrát zahnal do kúta a tanec sa opakoval.

El lobo estaba delgado y débil, de lo contrario Buck no podría haberlo atrapado.

Vlk bol chudý a slabý, inak by ho Buck nemohol chytiť.

Cada vez que Buck se acercaba, el lobo giraba y lo enfrentaba con miedo.

Zakaždým, keď sa Buck priblížil, vlk sa otočil a vystrašene sa mu postavil tvárou v tvár.

Luego, a la primera oportunidad, se lanzó de nuevo al bosque.

Potom pri prvej príležitosti opäť utekal do lesa.

Pero Buck no se dio por vencido y finalmente el lobo comenzó a confiar en él.

Ale Buck sa nevzdal a vlk mu nakoniec začal dôverovať.

Olió la nariz de Buck y los dos se pusieron juguetones y alertas.

Ovoňal Buckov nos a obaja sa hravo a ostražito zahrial.

Jugaban como animales salvajes, feroces pero tímidos en su alegría.

Hrali sa ako divé zvieratá, divoké, no zároveň plaché vo svojej radosti.

Después de un rato, el lobo se alejó trotando con calma y propósito.

Po chvíli vlk s pokojným a cieľavedomým odklusom odišiel.

Le demostró claramente a Buck que tenía la intención de que lo siguieran.

Jasne Buckovi ukázal, že ho chce sledovať.

Corrieron uno al lado del otro a través de la penumbra del crepúsculo.

Bežali bok po boku šerom súmraku.

Siguieron el lecho del arroyo hasta el desfiladero rocoso.

Sledovali koryto potoka hore do skalnatej rokliny.

Cruzaron una divisoria fría donde había comenzado el arroyo.

Prekročili studenú priepasť, kde sa začínal potok.

En la ladera más alejada encontraron un extenso bosque y numerosos arroyos.

Na ďalekom svahu našli rozsiahly les a mnoho potokov.

Por esta vasta tierra corrieron durante horas sin parar.

Cez túto rozľahlú krajinu bežali celé hodiny bez zastavenia.

El sol salió más alto, el aire se calentó, pero ellos siguieron corriendo.

Slnko vystúpilo vyššie, vzduch sa otepľoval, ale oni bežali ďalej.

Buck estaba lleno de alegría: sabía que estaba respondiendo a su llamado.

Bucka napĺňala radosť – vedel, že odpovedá na svoje volanie.

Corrió junto a su hermano del bosque, más cerca de la fuente del llamado.

Bežal vedľa svojho lesného brata, bližšie k zdroju volania.

Los viejos sentimientos regresaron, poderosos y difíciles de ignorar.

Staré city sa vrátili, silné a ťažko ignorovateľné.

Éstas eran las verdades detrás de los recuerdos de sus sueños.

Toto boli pravdy skryté za spomienkami z jeho snov.

Todo esto ya lo había hecho antes, en un mundo distante y sombrío.

Toto všetko už predtým robil vo vzdialenom a temnom svete.

Ahora lo hizo de nuevo, corriendo salvajemente con el cielo abierto encima.

Teraz to urobil znova, divoko pobehoval s otvorenou oblohou nad sebou.

Se detuvieron en un arroyo para beber del agua fría que fluía.

Zastavili sa pri potoku, aby sa napili zo studenej tečúcej vody.

Mientras bebía, Buck de repente recordó a John Thornton.

Keď pil, Buck si zrazu spomenul na Johna Thorntona.

Se sentó en silencio, desgarrado por la atracción de la lealtad y el llamado.

Mlčky si sadol, rozorvaný túžbou po lojalite a povolaní.

El lobo siguió trotando, pero regresó para impulsar a Buck a seguir adelante.

Vlk klusal ďalej, ale vrátil sa, aby popohnal Bucka dopredu.

Le olisqueó la nariz y trató de convencerlo con gestos suaves.

Ošúchal si nos a jemnými gestami sa ho snažil presvedčiť.

Pero Buck se dio la vuelta y comenzó a regresar por donde había venido.

Ale Buck sa otočil a vydal sa späť tou istou cestou, ktorou prišiel.

El lobo corrió a su lado durante un largo rato, gimiendo silenciosamente.

Vlk dlho bežal vedľa neho a ticho kňučal.

Luego se sentó, levantó la nariz y dejó escapar un largo aullido.

Potom si sadol, zdvihol nos a vydal dlhý výkrik.

Fue un grito triste, que se suavizó cuando Buck se alejó.

Bol to smútočný plač, ktorý zmierňoval, keď Buck odchádzal.

Buck escuchó mientras el sonido del grito se desvanecía lentamente en el silencio del bosque.

Buck počúval, ako zvuk kriku pomaly doznieval v lesnom tichu.

John Thornton estaba cenando cuando Buck irrumpió en el campamento.

John Thornton práve večeral, keď Buck vtrhol do tábora.

Buck saltó sobre él salvajemente, lamiéndolo, mordiéndolo y haciéndolo caer.

Buck naňho divoko skočil, olizoval ho, hrýzol a prevrátil ho.

Lo derribó, se subió encima y le besó la cara.

Zrazil ho na zem, vyškriabal sa naňho a pobozkal ho na tvár.

Thornton lo llamó con cariño "hacer el tonto en general".

Thornton to s láskou nazval „hraním si rolu všeobecného blázna".

Mientras tanto, maldijo a Buck suavemente y lo sacudió de un lado a otro.

Celý čas jemne preklínal Bucka a triasol ním sem a tam.

Durante dos días y dos noches enteras, Buck no abandonó el campamento ni una sola vez.

Celé dva dni a noci Buck ani raz neopustil tábor.

Se mantuvo cerca de Thornton y nunca lo perdió de vista.

Držal sa blízko Thorntona a nikdy ho nespúšťal z dohľadu.

Lo siguió mientras trabajaba y lo observó mientras comía.

Nasledoval ho pri práci a pozoroval ho, kým jedol.

Acompañaba a Thornton con sus mantas por la noche y lo salía cada mañana.

Večer videl Thorntona zabaleného v prikrývkach a každé ráno vonku.

Pero pronto el llamado del bosque regresó, más fuerte que nunca.

Ale lesné volanie sa čoskoro vrátilo, hlasnejšie ako kedykoľvek predtým.

Buck volvió a inquietarse, agitado por los pensamientos del lobo salvaje.

Buck sa opäť stal nepokojným, prebudený myšlienkami na divého vlka.

Recordó el terreno abierto y correr uno al lado del otro.

Spomenul si na otvorenú krajinu a na beh bok po boku.

Comenzó a vagar por el bosque una vez más, solo y alerta.

Znova sa začal túlať lesom, sám a ostražitý.

Pero el hermano salvaje no regresó y el aullido no se escuchó.

Ale divoký brat sa nevrátil a zavýjanie nebolo počuť.

Buck comenzó a dormir a la intemperie, manteniéndose alejado durante días.

Buck začal spať vonku a zostával preč aj celé dni.

Una vez cruzó la alta divisoria donde había comenzado el arroyo.

Raz prekročil vysoký rozvodí, kde sa začínal potok.

Entró en la tierra de la madera oscura y de los arroyos anchos y fluidos.

Vstúpil do krajiny tmavých lesov a širokých potokov.

Durante una semana vagó en busca de señales del hermano salvaje.

Týždeň sa túlal a hľadal stopy po svojom divokom bratovi.

Mataba su propia carne y viajaba con pasos largos e incansables.

Zabíjal si vlastné mäso a cestoval dlhými, neúnavnými krokmi.

Pescaba salmón en un ancho río que llegaba al mar.

V širokej rieke, ktorá siahala do mora, lovil lososy.

Allí luchó y mató a un oso negro enloquecido por los insectos.

Tam bojoval a zabil čierneho medveďa, ktorého rozzúrili chrobáky.

El oso estaba pescando y corrió ciegamente entre los árboles.

Medveď lovil ryby a naslepo bežal pomedzi stromy.

La batalla fue feroz y despertó el profundo espíritu de lucha de Buck.

Bitka bola zúrivá a prebudila Buckovu silnú bojovnú povahu.

Dos días después, Buck regresó y encontró glotones en su presa.

O dva dni neskôr sa Buck vrátil a pri svojej ulovenej zveri našiel vlkolaky.

Una docena de ellos se pelearon con furia y ruidosidad por la carne.

Tucet z nich sa hlučne a zúrivo hádalo o mäso.

Buck cargó y los dispersó como hojas en el viento.

Buck sa na nich vrhol a rozptýlil ich ako lístie vo vetre.

Dos lobos permanecieron atrás, silenciosos, sin vida e inmóviles para siempre.

Dvaja vlci zostali pozadu – ticho, bez života a navždy nehybne.

La sed de sangre se hizo más fuerte que nunca.

Smäd po krvi bol silnejší ako kedykoľvek predtým.

Buck era un cazador, un asesino, que se alimentaba de criaturas vivas.

Buck bol lovec, zabijak, ktorý sa živil živými tvormi.

Sobrevivió solo, confiando en su fuerza y sus sentidos agudos.

Prežil sám, spoliehajúc sa na svoju silu a bystré zmysly.

Prosperó en la naturaleza, donde sólo los más resistentes podían vivir.

Darilo sa mu vo voľnej prírode, kde mohli žiť len tí najodolnejší.

A partir de esto, un gran orgullo surgió y llenó todo el ser de Buck.

Z toho sa v Buckovi zjavila veľká hrdosť a naplnila celú jeho bytosť.

Su orgullo se reflejaba en cada uno de sus pasos, en el movimiento de cada músculo.

Jeho hrdosť sa prejavovala v každom jeho kroku, v pohybe každého svalu.

Su orgullo era tan claro como sus palabras, y se reflejaba en su manera de comportarse.

Jeho hrdosť bola jasná ako reč, čo bolo vidieť v tom, ako sa niesol.

Incluso su grueso pelaje parecía más majestuoso y brillaba más.

Dokonca aj jeho hustá srsť vyzerala majestátnejšie a žiarila jasnejšie.

Buck podría haber sido confundido con un lobo gigante.

Bucka si mohli pomýliť s obrovským lesným vlkom.

A excepción del color marrón en el hocico y las manchas sobre los ojos.

Okrem hnedej farby na papuli a škvŕn nad očami.

Y la raya blanca de pelo que corría por el centro de su pecho.

A biely pruh srsti, ktorý mu tiahol stredom hrude.

Era incluso más grande que el lobo más grande de esa feroz raza.

Bol dokonca väčší ako najväčší vlk toho divokého plemena.

Su padre, un San Bernardo, le dio tamaño y complexión robusta.

Jeho otec, svätý Bernard, mu dal veľkosť a mohutnú postavu.

Su madre, una pastora, moldeó esa masa hasta darle forma de lobo.

Jeho matka, pastierka, vytvarovala túto masu do podoby vlka.

Tenía el hocico largo de un lobo, aunque más pesado y ancho.

Mal dlhú papuľu vlka, hoci mohutnejšiu a širšiu.

Su cabeza era la de un lobo, pero construida en una escala enorme y majestuosa.

Jeho hlava bola vlčia, ale bola mohutná a majestátna.

La astucia de Buck era la astucia del lobo y de la naturaleza.

Buckova prefíkanosť bola prefíkanosťou vlka a divočiny.

Su inteligencia provenía tanto del pastor alemán como del san bernardo.

Jeho inteligencia pochádzala od nemeckého ovčiaka aj od bernardina.

Todo esto, más la dura experiencia, lo convirtieron en una criatura temible.

Toto všetko, plus drsné skúsenosti, z neho urobili desivého tvora.

Era tan formidable como cualquier bestia que vagaba por las tierras salvajes del norte.

Bol rovnako impozantný ako ktorákoľvek iná beštia, ktorá sa potulovala severnou divočinou.

Viviendo sólo de carne, Buck alcanzó el máximo nivel de su fuerza.

Buck žil len z mäsa a dosiahol vrchol svojej sily.

Rebosaba poder y fuerza masculina en cada fibra de él.

V každom svojom vlákne prekypoval mocou a mužskou silou.

Cuando Thornton le acarició la espalda, sus pelos brillaron con energía.

Keď ho Thornton pohladil po chrbte, vlasy mu zaiskrili energiou.

Cada cabello crujió, cargado con el toque de un magnetismo vivo.

Každý vlas praskal, nabitý dotykom živého magnetizmu.

Su cuerpo y su cerebro estaban afinados al máximo nivel posible.

Jeho telo a myseľ boli naladené na tú najjemnejšiu možnú frekvenciu.

Cada nervio, fibra y músculo trabajaba en perfecta armonía.

Každý nerv, vlákno a sval fungovali v dokonalej harmónii.

Ante cualquier sonido o visión que requiriera acción, él respondía instantáneamente.

Na akýkoľvek zvuk alebo pohľad, ktorý si vyžadoval akciu, okamžite reagoval.

Si un husky saltaba para atacar, Buck podía saltar el doble de rápido.

Ak by husky skočil do útoku, Buck by mohol skočiť dvakrát rýchlejšie.

Reaccionó más rápido de lo que los demás pudieron verlo o escuchar.

Reagoval rýchlejšie, než ho ostatní stihli vidieť alebo počuť.

La percepción, la decisión y la acción se produjeron en un momento fluido.

Vnímanie, rozhodnutie a čin prišli v jednom plynulom okamihu.

En realidad, estos actos fueron separados, pero demasiado rápidos para notarlos.

V skutočnosti boli tieto činy oddelené, ale príliš rýchle na to, aby si ich niekto všimol.

Los intervalos entre estos actos fueron tan breves que parecían uno solo.

Medzery medzi týmito činmi boli také krátke, že sa zdali byť jedno.

Sus músculos y su ser eran como resortes fuertemente enrollados.

Jeho svaly a bytosť boli ako pevne stočené pružiny.

Su cuerpo rebosaba de vida, salvaje y alegre en su poder.

Jeho telo prekypovalo životom, divoké a radostné vo svojej sile.

A veces sentía como si la fuerza fuera a estallar fuera de él por completo.

Občas mal pocit, akoby z neho tá sila úplne vytryskla.

"Nunca vi un perro así", dijo Thornton un día tranquilo.

„Nikdy tu nebol taký pes," povedal Thornton jedného pokojného dňa.

Los socios observaron a Buck alejarse orgullosamente del campamento.

Partneri sledovali, ako Buck hrdo kráča z tábora.

"Cuando lo crearon, cambió lo que un perro puede ser", dijo Pete.

„Keď bol stvorený, zmenil to, čím pes dokáže byť," povedal Pete.

—¡Por Dios! Yo también lo creo —respondió Hans rápidamente.

„Pri Ježišovi! Myslím si to aj ja," rýchlo súhlasil Hans.

Lo vieron marcharse, pero no el cambio que vino después.

Videli ho odchádzať, ale nie zmenu, ktorá prišla potom.

Tan pronto como entró en el bosque, Buck se transformó por completo.

Hneď ako Buck vošiel do lesa, úplne sa premenil.

Ya no marchaba, sino que se movía como un fantasma salvaje entre los árboles.

Už nepochodoval, ale pohyboval sa ako divoký duch medzi stromami.

Se quedó en silencio, con pasos de gato, un destello que pasaba entre las sombras.

Zmĺkol, kráčal ako mačacie nohy, ako záblesk prechádzajúci tieňmi.

Utilizó la cubierta con habilidad, arrastrándose sobre su vientre como una serpiente.

Krytie používal šikovne, plazil sa po bruchu ako had.

Y como una serpiente, podía saltar hacia adelante y atacar en silencio.

A ako had mohol vyskočiť dopredu a udrieť v tichosti.

Podría robar una perdiz nival directamente de su nido escondido.

Mohol ukradnúť kuriatku priamo z jej skrytého hniezda.

Mató conejos dormidos sin hacer un solo sonido.

Spiace králiky zabil bez jediného zvuku.

Podía atrapar ardillas en el aire cuando huían demasiado lentamente.

Vedel chytiť veveričky vo vzduchu, keď utekali príliš pomaly.

Ni siquiera los peces en los estanques podían escapar de sus ataques repentinos.

Ani ryby v jazierkach neunikli jeho náhlym úderom.

Ni siquiera los castores más inteligentes que arreglaban presas estaban a salvo de él.

Ani šikovné bobry opravujúce priehrady pred ním neboli v bezpečí.

Él mataba por comida, no por diversión, pero prefería matar a sus propias víctimas.

Zabíjal pre jedlo, nie pre zábavu – ale najviac mal rád svoje vlastné úlovky.

Aun así, un humor astuto impregnaba algunas de sus cacerías silenciosas.

Napriek tomu sa niektorými z jeho tichých lovov prelínal prefíkaný humor.

Se acercó sigilosamente a las ardillas, pero las dejó escapar.

Prikradol sa blízko k veveričkám, len aby ich nechal utiecť.

Iban a huir hacia los árboles, parloteando con terrible indignación.

Chystali sa utiecť medzi stromy a štebotať od strachu a zúrivosti.

A medida que llegaba el otoño, los alces comenzaron a aparecer en mayor número.

S príchodom jesene sa losy začali objavovať vo väčšom počte.

Avanzaron lentamente hacia los valles bajos para encontrarse con el invierno.

Pomaly sa presúvali do nízkych údolí, aby sa stretli so zimou.

Buck ya había derribado a un ternero joven y perdido.

Buck už ulovil jedno mladé, zatúlané teľa.

Pero anhelaba enfrentarse a presas más grandes y peligrosas.

Ale túžil čeliť väčšej a nebezpečnejšej koristi.

Un día, en la divisoria, a la altura del nacimiento del arroyo, encontró su oportunidad.

Jedného dňa na rozvodí, pri prameni potoka, našiel svoju šancu.

Una manada de veinte alces había cruzado desde tierras boscosas.

Z lesnatých oblastí prešlo stádo dvadsiatich losov.

Entre ellos había un poderoso toro; el líder del grupo.

Medzi nimi bol mocný býk; vodca skupiny.

El toro medía más de seis pies de alto y parecía feroz y salvaje.

Býk meral viac ako dva metre a vyzeral divoký a zúrivý.

Lanzó sus anchas astas, con catorce puntas ramificándose hacia afuera.

Hodil širokými parohmi, z ktorých sa štrnásť hrotov rozvetvovalo smerom von.

Las puntas de esas astas se extendían siete pies de ancho.

Špičky týchto parohov sa natiahli na šírku sedem stôp.

Sus pequeños ojos ardieron de rabia cuando vio a Buck cerca.

Jeho malé oči horeli zúrivosťou, keď zbadal Bucka neďaleko.

Soltó un rugido furioso, temblando de furia y dolor.

Vydal zúrivý rev, triasol sa od zúrivosti a bolesti.

Una punta de flecha sobresalía cerca de su flanco, emplumada y afilada.

Pri boku mu trčal hrot šípu, operený a ostrý.

Esta herida ayudó a explicar su humor salvaje y amargado.

Táto rana pomohla vysvetliť jeho divokú, zatrpknutú náladu.

Buck, guiado por su antiguo instinto de caza, hizo su movimiento.

Buck, vedený starodávnym loveckým inštinktom, urobil svoj pohnúť.

Su objetivo era separar al toro del resto de la manada.

Jeho cieľom bolo oddeliť býka od zvyšku stáda.

No fue una tarea fácil: requirió velocidad y una astucia feroz.

Nebola to ľahká úloha – vyžadovalo si to rýchlosť a prudkú prefíkanosť.

Ladró y bailó cerca del toro, fuera de su alcance.

Štekal a tancoval blízko býka, tesne mimo jeho dosahu.

El alce atacó con enormes pezuñas y astas mortales.

Los sa vrhol s obrovskými kopytami a smrtiacimi parohmi.

Un golpe podría haber acabado con la vida de Buck en un instante.

Jeden úder mohol Buckov život ukončiť v okamihu.

Incapaz de dejar atrás la amenaza, el toro se volvió loco.

Býk, neschopný nechať hrozbu za sebou, sa rozzúril.

Él cargó con furia, pero Buck siempre se le escapaba.

Zúrivo sa vrhol do útoku, ale Buck sa vždy vyšmykol.

Buck fingió debilidad, lo que lo alejó aún más de la manada.

Buck predstieral slabosť a lákal ho ďalej od stáda.

Pero los toros jóvenes estaban a punto de atacar para proteger al líder.

Ale mladé býky sa chystali zaútočiť, aby ochránili vodcu.

Obligaron a Buck a retirarse y al toro a reincorporarse al grupo.

Prinútili Bucka ustúpiť a býka, aby sa opäť pridal k skupine.

Hay una paciencia en lo salvaje, profunda e imparable.

V divočine existuje trpezlivosť, hlboká a nezastaviteľná.

Una araña espera inmóvil en su red durante incontables horas.

Pavúk čaká nehybne vo svojej sieti nespočetné hodiny.

Una serpiente se enrosca sin moverse y espera hasta que llega el momento.

Had sa krúti bez myknutia a čaká, kým príde čas.

Una pantera acecha hasta que llega el momento.

Panter číha v pasci, kým nepríde tá správna chvíľa.

Ésta es la paciencia de los depredadores que cazan para sobrevivir.

Toto je trpezlivosť predátorov, ktorí lovia, aby prežili.

Esa misma paciencia ardía dentro de Buck mientras se quedaba cerca.

Tá istá trpezlivosť horela v Buckovi, keď zostal nablízku.

Se quedó cerca de la manada, frenando su marcha y sembrando el miedo.

Zostal blízko stáda, spomaľoval jeho pochod a vyvolával strach.

Provocaba a los toros jóvenes y acosaba a las vacas madres.

Dráždil mladé býky a obťažoval kravské matky.

Empujó al toro herido hacia una rabia más profunda e impotente.

Zraneného býka dohnal k hlbšiemu, bezmocnému hnevu.

Durante medio día, la lucha se prolongó sin descanso alguno.

Boj sa vliekol pol dňa bez akéhokoľvek prestávky.

Buck atacó desde todos los ángulos, rápido y feroz como el viento.

Buck útočil zo všetkých uhlov, rýchly a divoký ako vietor.

Impidió que el toro descansara o se escondiera con su manada.

Zabránil býkovi odpočívať alebo sa skrývať so svojím stádom.

Buck desgastó la voluntad del alce más rápido que su cuerpo.

Buck unavoval losovu vôľu rýchlejšie ako jeho telo.

El día transcurrió y el sol se hundió en el cielo del noroeste.

Deň ubehol a slnko kleslo nízko na severozápadnej oblohe.

Los toros jóvenes regresaron más lentamente para ayudar a su líder.

Mladé býky sa vracali pomalšie, aby pomohli svojmu vodcovi.

Las noches de otoño habían regresado y la oscuridad ahora duraba seis horas.

Jesenné noci sa vrátili a tma teraz trvala šesť hodín.

El invierno los estaba empujando cuesta abajo hacia valles más seguros y cálidos.

Zima ich tlačila z kopca do bezpečnejších, teplejších údolí.

Pero aún así no pudieron escapar del cazador que los retenía.

Ale stále nemohli uniknúť lovcovi, ktorý ich zadržiaval.

Sólo una vida estaba en juego: no la de la manada, sino la de su líder.

V stávke bol len jeden život – nie život stáda, len život ich vodcu.

Eso hizo que la amenaza fuera distante y no su preocupación urgente.

Vďaka tomu bola hrozba vzdialená a nebola ich naliehavým záujmom.

Con el tiempo, aceptaron ese coste y dejaron que Buck se llevara al viejo toro.

Časom túto cenu akceptovali a nechali Bucka, aby si vzal starého býka.

Al caer la tarde, el viejo toro permanecía con la cabeza gacha.

Keď sa zotmelo, starý býk stál so sklonenou hlavou.

Observó cómo la manada que había guiado se desvanecía en la luz que se desvanecía.

Sledoval, ako stádo, ktoré viedol, mizne v slabnúcom svetle.

Había vacas que había conocido, terneros que una vez había engendrado.

Boli tam kravy, ktoré poznal, teľatá, ktorých bol kedysi otcom.

Había toros más jóvenes con los que había luchado y gobernado en temporadas pasadas.

V minulých sezónach bojoval a vládol im s mladšími býkmi.

No pudo seguirlos, pues frente a él estaba agazapado nuevamente Buck.

Nemohol ich nasledovať – pretože pred ním sa opäť krčil Buck.

El terror despiadado con colmillos bloqueó cualquier camino que pudiera tomar.

Nemilosrdný hrôzostrašný tesák mu blokoval každú cestu, ktorou by sa mohol vydať.

El toro pesaba más de trescientos kilos de densa potencia.

Býk vážil viac ako tri stovky kilogramov hustej sily.

Había vivido mucho tiempo y luchado con ahínco en un mundo de luchas.

Žil dlho a tvrdo bojoval vo svete plnom bojov.

Pero ahora, al final, la muerte vino de una bestia muy inferior a él.

No teraz, na konci, smrť prišla od beštie hlboko pod ním.

La cabeza de Buck ni siquiera llegó a alcanzar las enormes rodillas del toro.

Buckova hlava sa ani nezdvihla po býčie obrovské kolená s kĺbmi.

A partir de ese momento, Buck permaneció con el toro noche y día.

Od tej chvíle Buck zostával s býkom vo dne v noci.

Nunca le dio descanso, nunca le permitió pastar ni beber.

Nikdy mu nedal oddych, nikdy mu nedovolil pásť sa ani piť.

El toro intentó comer brotes tiernos de abedul y hojas de sauce.

Býk sa snažil jesť mladé brezové výhonky a vŕbové listy.

Pero Buck lo ahuyentó, siempre alerta y siempre atacando.

Ale Buck ho odohnal, vždy ostražitý a stále útočiaci.

Incluso ante arroyos que goteaban, Buck bloqueó cada intento de sed.

Dokonca aj pri kvapkajúcich potokoch Buck blokoval každý smädný pokus.

A veces, desesperado, el toro huía a toda velocidad.

Niekedy býk v zúfalstve utiekol plnou rýchlosťou.

Buck lo dejó correr, trotando tranquilamente detrás, nunca muy lejos.

Buck ho nechal bežať, pokojne klusal tesne za ním, nikdy nebol ďaleko.

Cuando el alce se detuvo, Buck se acostó, pero se mantuvo listo.

Keď sa los zastavil, Buck si ľahol, ale zostal pripravený.

Si el toro intentaba comer o beber, Buck atacaba con toda furia.

Ak sa býk pokúsil jesť alebo piť, Buck udrel s plnou zúrivosťou.

La gran cabeza del toro se hundió aún más bajo sus enormes astas.

Býčia veľká hlava klesla nižšie pod jeho mohutnými parohmi.

Su paso se hizo más lento, el trote se hizo pesado, un paso tambaleante.

Jeho tempo spomalilo, klus sa zmenil na ťažký, potkýnajúcu sa chôdzu.

A menudo se quedaba quieto con las orejas caídas y la nariz pegada al suelo.

Často stál nehybne so sklopenými ušami a nosom pri zemi.

Durante esos momentos, Buck se tomó tiempo para beber y descansar.

Počas týchto chvíľ si Buck našiel čas na pitie a odpočinok.

Con la lengua afuera y los ojos fijos, Buck sintió que la tierra estaba cambiando.

S vyplazeným jazykom a upretým pohľadom Buck cítil, ako sa krajina mení.

Sintió algo nuevo moviéndose a través del bosque y el cielo.

Cítil, ako sa lesom a oblohou hýbe niečo nové.

A medida que los alces regresaban, también lo hacían otras criaturas salvajes.

Ako sa vracali losy, vracali sa aj ďalšie divoké tvory.

La tierra se sentía viva, con presencia, invisible pero fuertemente conocida.

Krajina sa cítila oživená prítomnosťou, neviditeľnou, no silne známou.

No fue por el sonido, ni por la vista, ni por el olfato que Buck supo esto.

Buck to nevedel zvukom, zrakom ani čuchom.

Un sentimiento más profundo le decía que nuevas fuerzas estaban en movimiento.

Hlbší zmysel mu hovoril, že sa hýbu nové sily.

Una vida extraña se agitaba en los bosques y a lo largo de los arroyos.

V lesoch a pozdĺž potokov sa preháňal zvláštny život.

Decidió explorar este espíritu, después de que la caza se completara.

Rozhodol sa preskúmať tohto ducha po skončení lovu.

Al cuarto día, Buck finalmente logró derribar al alce.

Na štvrtý deň Buck konečne ulovil losa.

Se quedó junto a la presa durante un día y una noche enteros, alimentándose y descansando.

Zostal pri úlovku celý deň a noc, kŕmil sa a odpočíval.

Comió, luego durmió, luego volvió a comer, hasta que estuvo fuerte y lleno.

Jedol, potom spal a potom znova jedol, až kým nebol silný a sýty.

Cuando estuvo listo, regresó hacia el campamento y Thornton.

Keď bol pripravený, otočil sa späť k táboru a Thorntonu.

Con ritmo constante, inició el largo viaje de regreso a casa.

Stabilným tempom sa vydal na dlhú cestu domov.

Corría con su incansable galope, hora tras hora, sin desviarse jamás.

Bežal neúnavne, hodinu za hodinou, a ani raz neodbočil z cesty.

A través de tierras desconocidas, se movió recto como la aguja de una brújula.

Cez neznáme krajiny sa pohyboval priamočiaro ako ihla kompasu.

Su sentido de la orientación hacía que el hombre y el mapa parecieran débiles en comparación.

Jeho zmysel pre orientáciu v porovnaní s ním spôsoboval, že človek a mapa vyzerali slabšie.

A medida que Buck corría, sentía con más fuerza la agitación en la tierra salvaje.

Ako Buck bežal, silnejšie cítil ruch v divočine.

Era un nuevo tipo de vida, diferente a la de los tranquilos meses de verano.

Bol to nový druh života, na rozdiel od života počas pokojných letných mesiacov.

Este sentimiento ya no llegaba como un mensaje sutil o distante.

Tento pocit už neprichádzal ako jemné alebo vzdialené posolstvo.

Ahora los pájaros hablaban de esta vida y las ardillas parloteaban sobre ella.

Teraz vtáky hovorili o tomto živote a veveričky o ňom štebotali.

Incluso la brisa susurraba advertencias a través de los árboles silenciosos.

Dokonca aj vánok šepkal varovania cez tiché stromy.

Varias veces se detuvo y olió el aire fresco de la mañana.

Niekoľkokrát sa zastavil a nadýchol sa čerstvého ranného vzduchu.

Allí leyó un mensaje que le hizo avanzar más rápido.

Prečítal si tam správu, ktorá ho prinútila rýchlejšie sa posunúť vpred.

Una fuerte sensación de peligro lo llenó, como si algo hubiera salido mal.

Naplnil ho ťažký pocit nebezpečenstva, akoby sa niečo pokazilo.

Temía que se avecinara una calamidad, o que ya hubiera ocurrido.

Bál sa, že prichádza – alebo už prišla – nešťastie.

Cruzó la última cresta y entró en el valle de abajo.

Prešiel cez posledný hrebeň a vošiel do údolia pod ním.

Se movió más lentamente, alerta y cauteloso con cada paso.

Pohyboval sa pomalšie, s každým krokom ostražitý a opatrný.

A tres millas de distancia encontró un nuevo rastro que lo hizo ponerse rígido.

Po troch míľach našiel čerstvý chodník, ktorý ho prinútil stuhnúť.

El cabello de su cuello se onduló y se erizó en señal de alarma.

Vlasy pozdĺž krku sa mu zježili a zavlnili od poplachu.

El sendero conducía directamente al campamento donde Thornton esperaba.

Chodník viedol priamo k táboru, kde čakal Thornton.

Buck se movió más rápido ahora, su paso era silencioso y rápido.

Buck sa teraz pohyboval rýchlejšie, jeho krok bol tichý a rýchly zároveň.

Sus nervios se tensaron al leer señales que otros no verían.

Jeho nervy sa napínali, keď čítal znamenia, ktoré si ostatní prehliadnu.

Cada detalle del recorrido contaba una historia, excepto la pieza final.

Každý detail na chodníku rozprával príbeh – okrem posledného kúska.

Su nariz le contaba sobre la vida que había transcurrido por allí.

Jeho nos mu rozprával o živote, ktorý tadiaľto prešiel.

El olor le dio una imagen cambiante mientras lo seguía de cerca.

Vôňa mu vykresľovala meniaci sa obraz, keď ho tesne nasledoval.

Pero el bosque mismo había quedado en silencio; anormalmente quieto.

Ale samotný les stíchol; bol neprirodzene tichý.

Los pájaros habían desaparecido, las ardillas estaban escondidas, silenciosas y quietas.

Vtáky zmizli, veveričky boli skryté, tiché a nehybné.

Sólo vio una ardilla gris, tumbada sobre un árbol muerto.

Videl iba jednu sivú veveričku, ležiacu na mŕtvom strome.

La ardilla se mimetizó, rígida e inmóvil como una parte del bosque.

Veverička sa zmiešala s okolím, stuhnutá a nehybná ako súčasť lesa.

Buck se movía como una sombra, silencioso y seguro entre los árboles.

Buck sa pohyboval ako tieň, ticho a isto pomedzi stromy.

Su nariz se movió hacia un lado como si una mano invisible la tirara.

Jeho nos sa mykol nabok, akoby ho potiahla neviditeľná ruka.

Se giró y siguió el nuevo olor hasta lo profundo de un matorral.

Otočil sa a nasledoval novú vôňu hlboko do húštiny.

Allí encontró a Nig, que yacía muerto, atravesado por una flecha.

Tam našiel Niga, ležiaceho mŕtveho, prebodnutého šípom.

La flecha atravesó su cuerpo y aún se le veían las plumas.

Šíp prešiel jeho telom, perie mu stále bolo vidieť.

Nig se arrastró hasta allí, pero murió antes de llegar para recibir ayuda.

Nig sa tam dotiahol sám, ale zomrel skôr, ako sa dostal k pomoci.

Cien metros más adelante, Buck encontró otro perro de trineo.

O sto metrov ďalej Buck našiel ďalšieho saňového psa.

Era un perro que Thornton había comprado en Dawson City.

Bol to pes, ktorého Thornton kúpil v Dawson City.

El perro se encontraba en una lucha a muerte, agitándose con fuerza en el camino.

Pes sa zmietavo búšil na ceste a zmietavo sa túlal po nej.

Buck pasó a su alrededor, sin detenerse, con los ojos fijos hacia adelante.

Buck ho obišiel, nezastavil sa a upieral oči pred seba.

Desde la dirección del campamento llegaba un canto distante y rítmico.

Z tábora sa ozýval vzdialený, rytmický spev.

Las voces subían y bajaban en un tono extraño, inquietante y cantarín.

Hlasy sa dvíhali a klesali v zvláštnom, tajomnom, spevavom tóne.

Buck se arrastró hacia el borde del claro en silencio.

Buck sa mlčky plazil dopredu k okraju čistinky.

Allí vio a Hans tendido boca abajo, atravesado por muchas flechas.

Tam uvidel Hansa ležať tvárou dole, prebodnutého mnohými šípmi.

Su cuerpo parecía el de un puercoespín, erizado de plumas.

Jeho telo vyzeralo ako dikobraz, posiate operenými šípmi.

En ese mismo momento, Buck miró hacia la cabaña en ruinas.

V tej istej chvíli sa Buck pozrel smerom k zrúcanej chatrči.

La visión hizo que se le erizara el pelo de la nuca y de los hombros.

Pri tom pohľade mu zježili vlasy na krku a pleciach.

Una tormenta de furia salvaje recorrió todo el cuerpo de Buck.

Buckovým telom prebehla búrka divokej zúrivosti.

Gruñó en voz alta, aunque no sabía que lo había hecho.

Zavrčal nahlas, hoci nevedel, že to urobil.

El sonido era crudo, lleno de furia aterradora y salvaje.

Zvuk bol surový, plný desivej, divokej zúrivosti.

Por última vez en su vida, Buck perdió la razón ante la emoción.

Buck naposledy v živote stratil dôvod na emócie.

Fue el amor por John Thornton lo que rompió su cuidadoso control.

Bola to láska k Johnovi Thorntonovi, ktorá prelomila jeho starostlivú sebakontrolu.

Los Yeehats estaban bailando alrededor de la cabaña de abetos en ruinas.

Yeehatovci tancovali okolo zničenej smrekovej chatrče.

Entonces se escuchó un rugido y una bestia desconocida cargó hacia ellos.

Potom sa ozval rev – a neznáma beštia sa k nim vrhla.

Era Buck; una furia en movimiento; una tormenta viviente de venganza.

Bol to Buck; zúrivosť v pohybe; živá búrka pomsty.

Se arrojó en medio de ellos, loco por la necesidad de matar.

Vrhol sa medzi nich, zúfalý túžbou zabíjať.

Saltó hacia el primer hombre, el jefe Yeehat, y acertó.

Skočil na prvého muža, náčelníka Yeehatov, a udrel presne.

Su garganta fue desgarrada y la sangre brotó a chorros.

Mal roztrhané hrdlo a krv z neho striekala prúdom.

Buck no se detuvo, sino que desgarró la garganta del siguiente hombre de un salto.

Buck sa nezastavil, ale jedným skokom roztrhol ďalšiemu mužovi hrdlo.

Era imparable: desgarraba, cortaba y nunca se detenía a descansar.

Bol nezastaviteľný – trhal, sekal a nikdy sa nezastavil na odpočinok.

Se lanzó y saltó tan rápido que sus flechas no pudieron tocarlo.

Vrhol sa a skočil tak rýchlo, že sa ho ich šípy nemohli zasiahnuť.

Los Yeehats estaban atrapados en su propio pánico y confusión.

Yeehatovcov zachvátila vlastná panika a zmätok.

Sus flechas no alcanzaron a Buck y se alcanzaron entre sí.

Ich šípy minuli Bucka a namiesto toho sa zasiahli jeden druhého.

Un joven le lanzó una lanza a Buck y golpeó a otro hombre.

Jeden mladík hodil po Buckovi kopiju a zasiahol ďalšieho muža.

La lanza le atravesó el pecho y la punta le atravesó la espalda.

Oštep mu prenikol hruď a hrot mu vyrazil chrbát.

El terror se apoderó de los Yeehats y se retiraron por completo.

Yeehatov zachvátil strach a oni sa dali na úplný ústup.

Gritaron al Espíritu Maligno y huyeron hacia las sombras del bosque.

Kričali na zlého ducha a utiekli do lesných tieňov.

En verdad, Buck era como un demonio mientras perseguía a los Yeehats.

Buck bol naozaj ako démon, keď prenasledoval Yeehatovcov.

Él los persiguió a través del bosque, derribándolos como si fueran ciervos.

Prenasledoval ich lesom a zrážal ich k zemi ako jelene.

Se convirtió en un día de destino y terror para los asustados Yeehats.

Pre vystrašených Yeehatov sa to stal dňom osudu a hrôzy.

Se dispersaron por toda la tierra, huyendo lejos en todas direcciones.

Rozpŕchli sa po krajine a utekali všetkými smermi.

Pasó una semana entera antes de que los últimos supervivientes se reunieran en un valle.

Ubehol celý týždeň, kým sa poslední preživší stretli v údolí.

Sólo entonces contaron sus pérdidas y hablaron de lo sucedido.

Až potom spočítali svoje straty a hovorili o tom, čo sa stalo.

Buck, después de cansarse de la persecución, regresó al campamento en ruinas.

Buck sa po naháňaní unavil a vrátil sa do zničeného tábora.

Encontró a Pete, todavía en sus mantas, muerto en el primer ataque.

Našiel Peta, stále v prikrývkach, zabitého pri prvom útoku.

Las señales de la última lucha de Thornton estaban marcadas en la tierra cercana.

V neďalekej hline boli viditeľné stopy Thorntonovho posledného boja.

Buck siguió cada rastro, olfateando cada marca hasta un punto final.

Buck sledoval každú stopu, oňuchával každú značku až do posledného bodu.

En el borde de un estanque profundo, encontró al fiel Skeet, tumbado inmóvil.

Na okraji hlbokého jazierka našiel verného Skeeta, ako nehybne leží.

La cabeza y las patas delanteras de Skeet estaban en el agua, inmóviles por la muerte.

Skeetova hlava a predné labky boli vo vode, nehybné ako smrť.

La piscina estaba fangosa y contaminada por el agua que salía de las compuertas.

Bazén bol kalný a znečistený odtokom z prepúšťacích kanálov.

Su superficie nublada ocultaba lo que había debajo, pero Buck sabía la verdad.

Jeho zamračený povrch skrýval to, čo sa skrývalo pod ním, ale Buck poznal pravdu.

Siguió el rastro del olor de Thornton hasta la piscina, pero el olor no lo condujo a ningún otro lugar.

Sledoval Thorntonov pach až do jazierka – ale pach ho nikam inam neviedol.

No había ningún olor que indicara que salía, solo el silencio de las aguas profundas.

Neviedlo odtiaľ žiadne pachy – len ticho hlbokej vody.

Buck permaneció todo el día cerca de la piscina, paseando de un lado a otro del campamento con tristeza.

Buck zostal celý deň pri jazierku a v smútku sa prechádzal po tábore.

Vagaba inquieto o permanecía sentado en silencio, perdido en pesados pensamientos.

Nepokojne sa túlal alebo sedel v tichu, ponorený do ťažkých myšlienok.

Él conocía la muerte; el fin de la vida; la desaparición de todo movimiento.

Poznal smrť; koniec života; miznutie všetkého pohybu.

Comprendió que John Thornton se había ido y que nunca regresaría.

Chápal, že John Thornton je preč a už sa nikdy nevráti.

La pérdida dejó en él un vacío que palpitaba como el hambre.

Strata v ňom zanechala prázdne miesto, ktoré pulzovalo ako hlad.

Pero ésta era un hambre que la comida no podía calmar, por mucho que comiera.

Ale toto bol hlad, ktorý jedlo nedokázalo utíšiť, bez ohľadu na to, koľko ho zjedol.

A veces, mientras miraba a los Yeehats muertos, el dolor se desvanecía.

Občas, keď sa pozrel na mŕtvych Yeehatovcov, bolesť pominula.

Y entonces un orgullo extraño surgió dentro de él, feroz y completo.

A potom sa v ňom zjavila zvláštna hrdosť, prudká a dokonalá.

Había matado al hombre, la presa más alta y peligrosa de todas.

Zabil človeka, čo bola najvyššia a najnebezpečnejšia zver zo všetkých.

Había matado desafiando la antigua ley del garrote y el colmillo.

Zabil v rozpore so starodávnym zákonom kyja a tesáka.

Buck olió sus cuerpos sin vida, curioso y pensativo.

Buck zvedavo a zamyslene ovoňal ich bezvládne telá.

Habían muerto con tanta facilidad, mucho más fácil que un husky en una pelea.

Zomreli tak ľahko – oveľa ľahšie ako chrt v boji.

Sin sus armas, no tenían verdadera fuerza ni representaban una amenaza.

Bez zbraní nemali žiadnu skutočnú silu ani hrozbu.

Buck nunca volvería a temerles, a menos que estuvieran armados.

Buck sa ich už nikdy nebude báť, pokiaľ nebudú ozbrojení.

Sólo tenía cuidado cuando llevaban garrotes, lanzas o flechas.

Dával si pozor iba vtedy, keď nosili kyjaky, oštepy alebo šípy.

Cayó la noche y la luna llena se elevó por encima de las copas de los árboles.

Padla noc a spln vyšiel vysoko nad vrcholky stromov.

La pálida luz de la luna bañaba la tierra con un resplandor suave y fantasmal, como el del día.

Bledé svetlo mesiaca zalialo zem jemnou, prízračnou žiarou podobnou dennému svitu.

A medida que la noche avanzaba, Buck seguía de luto junto al estanque silencioso.

Ako sa noc prehlbovala, Buck stále smútil pri tichom jazierku.

Entonces se dio cuenta de que había un movimiento diferente en el bosque.

Potom si uvedomil iný ruch v lese.

El movimiento no provenía de los Yeehats, sino de algo más antiguo y más profundo.

To rušenie nevychádzalo od Yeehatovcov, ale z niečoho staršieho a hlbšieho.

Se puso de pie, con las orejas levantadas y la nariz palpando la brisa con cuidado.

Postavil sa, zdvihol uši a opatrne ňufákom skúsal vánok.

Desde lejos llegó un grito débil y agudo que rompió el silencio.

Z diaľky sa ozval slabý, ostrý výkrik, ktorý prerušil ticho.

Luego, un coro de gritos similares siguió de cerca al primero.

Potom sa tesne za prvým ozval zbor podobných výkrikov.

El sonido se acercaba cada vez más y se hacía más fuerte a cada momento que pasaba.

Zvuk sa blížil a s každou chvíľou silnel.

Buck conocía ese grito: venía de ese otro mundo en su memoria.

Buck poznal tento výkrik – prichádzal z toho iného sveta v jeho pamäti.

Caminó hasta el centro del espacio abierto y escuchó atentamente.

Prešiel do stredu otvoreného priestranstva a pozorne načúval.

El llamado resonó, múltiple y más poderoso que nunca.

Ozval sa hovor, mnohohlasný a mocnejší než kedykoľvek predtým.

Y ahora, más que nunca, Buck estaba listo para responder a su llamado.

A teraz, viac ako kedykoľvek predtým, bol Buck pripravený odpovedať na svoje volanie.

John Thornton había muerto y ya no tenía ningún vínculo con el hombre.

John Thornton bol mŕtvy a nezostalo v ňom žiadne puto s človekom.

El hombre y todos sus derechos humanos habían desaparecido: él era libre por fin.

Človek a všetky ľudské nároky boli preč – konečne bol slobodný.

La manada de lobos estaba persiguiendo carne como lo hicieron alguna vez los Yeehats.

Vlčia svorka naháňala mäso ako kedysi Yeehatovia.

Habían seguido a los alces desde las tierras boscosas.

Nasledovali losy dole z zalesnených oblastí.

Ahora, salvajes y hambrientos de presa, cruzaron hacia su valle.

Teraz, divocí a hladní po koristi, prešli do jeho údolia.

Llegaron al claro iluminado por la luna, fluyendo como agua plateada.

Vchádzali na mesačnou jaskyňu, prúdiac ako strieborná voda.

Buck permaneció quieto en el centro, inmóvil y esperándolos.

Buck stál nehybne uprostred, nehybne a čakal na nich.

Su tranquila y gran presencia dejó a la manada en un breve silencio.

Jeho pokojná, mohutná prítomnosť ohromila svorku a na chvíľu umlčala.

Entonces el lobo más atrevido saltó hacia él sin dudarlo.

Potom najodvážnejší vlk bez váhania skočil priamo na neho.

Buck atacó rápidamente y rompió el cuello del lobo de un solo golpe.

Buck rýchlo udrel a jediným úderom zlomil vlkovi väz.

Se quedó inmóvil nuevamente mientras el lobo moribundo se retorcía detrás de él.

Znova stál bez pohnutia, zatiaľ čo sa umierajúci vlk krútil za ním.

Tres lobos más atacaron rápidamente, uno tras otro.

Ďalší traja vlci rýchlo zaútočili, jeden po druhom.

Todos retrocedieron sangrando, con la garganta o los hombros destrozados.

Každý ustúpil a krvácal, mali porezané hrdlo alebo ramená.

Eso fue suficiente para que toda la manada se lanzara a una carga salvaje.

To stačilo na to, aby celá svorka vyvolala divoký útok.

Se precipitaron juntos, demasiado ansiosos y apiñados para golpear bien.

Vrútili sa dnu spolu, príliš nedočkaví a natlačení na to, aby dobre zasiahli.

La velocidad y habilidad de Buck le permitieron mantenerse por delante del ataque.

Buckova rýchlosť a zručnosť mu umožnili udržať si náskok pred útokom.

Giró sobre sus patas traseras, chasqueando y golpeando en todas direcciones.

Otočil sa na zadných nohách, šľahal a udieral na všetky strany.

Para los lobos, esto parecía como si su defensa nunca se abriera ni flaqueara.

Vlkom sa zdalo, že jeho obrana sa nikdy neotvorila ani nezakolísala.

Se giró y atacó tan rápido que no pudieron alcanzarlo.

Otočil sa a sekol tak rýchlo, že sa k nemu nedokázali dostať.

Sin embargo, su número le obligó a ceder terreno y retroceder.

Napriek tomu ho ich počet prinútil ustúpiť a ustúpiť.

Pasó junto a la piscina y bajó al lecho rocoso del arroyo.

Prešiel okolo jazierka a zišiel do skalnatého koryta potoka.

Allí se topó con un empinado banco de grava y tierra.

Tam narazil na strmý val zo štrku a hliny.

Se metió en un rincón cortado durante la antigua excavación de los mineros.

Počas starého baníckeho kopania sa vkradol do rohového výkopu.

Ahora, protegido por tres lados, Buck se enfrentaba únicamente al lobo frontal.

Teraz, chránený z troch strán, Buck čelil iba prednému vlkovi.

Allí se mantuvo a raya, listo para la siguiente ola de asalto.

Tam stál v núdzi, pripravený na ďalšiu vlnu útoku.

Buck se mantuvo firme con tanta fiereza que los lobos retrocedieron.

Buck sa tak zúrivo držal na svojom mieste, že vlci cúvli.

Después de media hora, estaban agotados y visiblemente derrotados.

Po polhodine boli vyčerpaní a viditeľne porazení.

Sus lenguas colgaban y sus colmillos blancos brillaban a la luz de la luna.

Ich jazyky viseli a ich biele tesáky sa leskli v mesačnom svite.

Algunos lobos se tumbaron, con la cabeza levantada y las orejas apuntando hacia Buck.

Niekoľko vlkov si ľahlo so zdvihnutými hlavami a nastraženými ušami smerom k Buckovi.

Otros permanecieron inmóviles, alertas y observando cada uno de sus movimientos.

Ostatní stáli nehybne, ostražito sledovali každý jeho pohyb.

Algunos se acercaron a la piscina y bebieron agua fría.

Niekoľko ľudí sa zatúlalo k bazénu a napilo sa studenej vody.

Entonces un lobo gris, largo y delgado, se acercó sigilosamente.

Potom sa jeden dlhý, štíhly sivý vlk ticho prikradol dopredu.

Buck lo reconoció: era el hermano salvaje de antes.
Buck ho spoznal – bol to ten divoký brat z predchádzajúcich čias.
El lobo gris gimió suavemente y Buck respondió con un gemido.
Sivý vlk potichu zakňučal a Buck mu odpovedal kňučaním.
Se tocaron las narices, en silencio y sin amenaza ni miedo.
Dotkli sa nosmi, potichu a bez hrozby či strachu.
Luego vino un lobo más viejo, demacrado y lleno de cicatrices por muchas batallas.
Potom prišiel starší vlk, vychudnutý a zjazvený z mnohých bitiek.
Buck empezó a gruñir, pero se detuvo y olió la nariz del viejo lobo.
Buck začal vrčať, ale zastavil sa a ovoňal starého vlka k ňufáku.
El viejo se sentó, levantó la nariz y aulló a la luna.
Starý si sadol, zdvihol nos a zavýjal na mesiac.
El resto de la manada se sentó y se unió al largo aullido.
Zvyšok svorky si sadol a pridal sa k dlhému zavýjaniu.
Y ahora el llamado llegó a Buck, inconfundible y fuerte.
A teraz Buckovi prišlo volanie, nezameniteľné a silné.
Se sentó, levantó la cabeza y aulló con los demás.
Sadol si, zdvihol hlavu a zavýjal spolu s ostatnými.
Cuando terminaron los aullidos, Buck salió de su refugio rocoso.
Keď zavýjanie prestalo, Buck vyšiel zo svojho skalnatého úkrytu.
La manada se cerró a su alrededor, olfateando con amabilidad y cautela.
Svorka sa okolo neho zovrela a zároveň láskavo aj ostražito čuchala.
Entonces los líderes dieron un grito y salieron corriendo hacia el bosque.
Potom vodcovia vyštekli a rozbehli sa do lesa.
Los demás lobos los siguieron, aullando a coro, salvajes y rápidos en la noche.

Ostatné vlky ich nasledovali a zborovo kvílili, divoko a rýchlo v noci.

Buck corrió con ellos, al lado de su hermano salvaje, aullando mientras corría.

Buck bežal s nimi vedľa svojho divokého brata a pri behu zavýjal.

Aquí la historia de Buck llega bien a su fin.

Tu sa Buckov príbeh dobre končí.

En los años siguientes, los Yeehat notaron lobos extraños.

V nasledujúcich rokoch si Yeehatovci všimli zvláštnych vlkov.

Algunos tenían la cabeza y el hocico de color marrón y el pecho de color blanco.

Niektoré mali hnedú farbu na hlave a papuli, bielu na hrudi.

Pero aún más temían una figura fantasmal entre los lobos.

Ale ešte viac sa báli prízračnej postavy medzi vlkmi.

Hablaban en susurros del Perro Fantasma, líder de la manada.

Šepkajúc hovorili o Duchovom psovi, vodcovi svorky.

Este perro fantasma tenía más astucia que el cazador Yeehat más audaz.

Tento duchský pes bol prefíkanejší ako najodvážnejší lovec Yeehatov.

El perro fantasma robó de los campamentos en pleno invierno y destrozó sus trampas.

Duchovný pes kradol z táborov uprostred zimy a roztrhal im pasce.

El perro fantasma mató a sus perros y escapó de sus flechas sin dejar rastro.

Duchový pes zabil ich psy a unikol ich šípom bez stopy.

Incluso sus guerreros más valientes temían enfrentarse a este espíritu salvaje.

Dokonca aj ich najodvážnejší bojovníci sa báli čeliť tomuto divokému duchu.

No, la historia se vuelve aún más oscura a medida que pasan los años en la naturaleza.

Nie, príbeh sa stáva ešte temnejším, ako roky plynú v divočine.

Algunos cazadores desaparecen y nunca regresan a sus campamentos distantes.

Niektorí lovci zmiznú a nikdy sa nevrátia do svojich vzdialených táborov.

Otros aparecen con la garganta abierta, muertos en la nieve.

Iní sú nájdení s roztrhanými hrdlami, zabití v snehu.

Alrededor de sus cuerpos hay huellas más grandes que las que cualquier lobo podría dejar.

Okolo ich tiel sú stopy – väčšie, než by dokázal vytvoriť ktorýkoľvek vlk.

Cada otoño, los Yeehats siguen el rastro del alce.

Každú jeseň Yeehati sledujú stopu losa.

Pero evitan un valle con el miedo grabado en lo profundo de sus corazones.

Ale jednému údoliu sa vyhýbajú so strachom vrytým hlboko do sŕdc.

Dicen que el valle fue elegido por el Espíritu Maligno para vivir.

Hovorí sa, že toto údolie si za svoj domov vybral zlý duch.

Y cuando se cuenta la historia, algunas mujeres lloran junto al fuego.

A keď sa príbeh rozpráva, niektoré ženy plačú pri ohni.

Pero en verano, un visitante llega a ese tranquilo valle sagrado.

Ale v lete do toho tichého, posvätného údolia prichádza jeden návštevník.

Los Yeehats no saben de él, ni tampoco pueden entenderlo.

Yeehati o ňom nevedia, ani by ho nemohli pochopiť.

El lobo es grande, revestido de gloria, como ningún otro de su especie.

Vlk je skvelý, oslávený, ako žiadny iný svojho druhu.

Él solo cruza el bosque verde y entra en el claro.

On sám prechádza cez zelený les a vstupuje na lesnú čistinku.

Allí, el polvo dorado de los sacos de piel de alce se filtra en el suelo.

Tam sa do pôdy vsiakne zlatý prach z vriec z losej kože.

La hierba y las hojas viejas han ocultado el amarillo al sol.

Tráva a staré listy skryli žltú farbu pred slnkom.

Aquí, el lobo permanece en silencio, pensando y recordando.

Tu vlk stojí v tichu, premýšľa a spomína.

Aúlla una vez, largo y triste, antes de darse la vuelta para irse.

Raz zavyje – dlho a žalostne – než sa otočí, aby odišiel.

Pero no siempre está solo en la tierra del frío y la nieve.

Napriek tomu nie je v krajine chladu a snehu vždy sám.

Cuando las largas noches de invierno descienden sobre los valles inferiores.

Keď dlhé zimné noci zostúpia na dolné údolia.

Cuando los lobos persiguen a la presa a través de la luz de la luna y las heladas.

Keď vlci sledujú zver v mesačnom svite a mraze.

Luego corre a la cabeza del grupo, saltando alto y salvajemente.

Potom beží na čele svorky, vysoko a divoko skáče.

Su figura se eleva sobre las demás y su garganta está llena de canciones.

Jeho postava sa týči nad ostatnými, z hrdla mu znie pieseň.

Es la canción del mundo más joven, la voz de la manada.

Je to pieseň mladšieho sveta, hlas svorky.

Canta mientras corre: fuerte, libre y eternamente salvaje.

Spieva, zatiaľ čo beží – silný, slobodný a navždy divoký.